DESAFIOS DAS ESQUERDAS BRASILEIRAS PÓS-2018

DESAFIOS DAS ESQUERDAS BRASILEIRAS PÓS-2018

André Rodrigues Bessa

alameda

Grafia atualizada segundo o Acordo Ortográfico da Língua Portuguesa de 1990, que entrou em vigor no Brasil em 2009.

Edição: Haroldo Ceravolo Sereza / Joana Monteleone
Editora assistente: Danielly de Jesus Teles
Projeto gráfico, diagramação e capa: Danielly de Jesus Teles
Assistente acadêmica: Tamara Santos
Revisão: Alexandra Colontini
Imagem da capa: *Ilustração Gettyimages*

CIP-BRASIL. CATALOGAÇÃO NA PUBLICAÇÃO
SINDICATO NACIONAL DOS EDITORES DE LIVROS, RJ

B465d

Bessa, André Rodrigues
Desafios das esquerdas brasileiras pós-2018 / André Rodrigues Bessa. - 1. ed. - São Paulo : Alameda, 2021.
228 p. ; 21 cm.
Inclui bibliografia
ISBN 978-65-86081-91-6

1. Ciência política. 2. Direita e esquerda (Ciência política). 3. Brasil - Política e governo. 4. Política social. I. Título.

21-70725 CDD: 320.981
CDU: 32(81)

ALAMEDA CASA EDITORIAL
Rua 13 de Maio, 353 – Bela Vista
CEP 01327-000 – São Paulo, SP
Tel. (11) 3012-2403
www.alamedaeditorial.com.br

Costuma-se dizer que uma das maiores astúcias do diabo é nos convencer de que ele não existe. Uma das maiores astúcias do discurso conservador é nos convencer, diante de dados dessa natureza, de que conflito de classe é um delírio de esquerda.

Vladmir Safade, *A esquerda não teme dizer seu nome*

Dedico está obra ao meu pai Elilson Bessa e irmã Andréa Bessa, ambos seres humanos dignos de grande admiração.

Agradeço ao Professor Eduardo Moreira que me agraciou com o prefácio do livro.

Sumário

Prefácio

Em uma recente palestra proferida em São Paulo, disse aos participantes que a esquerda estava prestes a viver seu melhor momento no Brasil. A declaração foi recebida pelos presentes com um misto de desconfiança e entusiasmo. Desconfiança porque vivemos talvez o mais assustador momento histórico brasileiro, com o discurso moralista conservador e as políticas econômicas ultraliberais vivendo seu ápice. Entusiasmo porque a plateia era majoritariamente formada por simpatizantes de partidos de esquerda.

A justificativa que dei na ocasião para os que lá estavam foi o fato de o mundo alternar opostos em ciclos que existem desde sempre. Dei o exemplo dos Estados Unidos, que depois de séculos lutando contra o preconceito racial, vendo o sangue de centenas de milhares de pessoas sendo derramado em prol de uma sociedade mais justa, consegue finalmente eleger um presidente negro e democrata. Somente para logo depois ver subir ao poder um representante de suas forças mais conservadoras. Do outro lado o exemplo da Igreja católica, que após ter vários pontífices alinhados com suas forças mais conservadoras elege como papa um sul americano com ideias corajosas, um forte discurso de inclusão e com o nome escolhido de Francisco, o santo dos pobres e da natureza.

Apesar de seguir achando que somente o movimento pendular ao qual nossa sociedade está exposta seria suficiente para imaginar que viveremos em breve um bom momento para as forças progressistas, hoje estou convencido que há algo além. O fato do capitalismo precisar ser salvo por políticas de esquerda! Sim, por mais estranho que pareça, o capitalismo está destruindo, ao longo das últimas décadas, com suas políticas neoliberais, sua galinha dos ovos de ouro: seus consumidores. Com uma desigualdade crescente e uma acumulação cada vez maior dos meios de produção e das terras nas mãos de poucos, os países capitalistas têm jogado uma parcela cada vez maior de sua população à miséria.

Estou certo hoje que a força de um grupo será sempre reflexo de sua parcela mais frágil. Como uma corrente, que por mais elos fortes que tenha, terá sua resistência sempre medida a partir do elo mais fraco. Os países que tem o maior IDH do mundo não tem um indivíduo sequer entre os 50 mais ricos do mundo. No entanto não tem pobres muito pobres em suas populações. Sua corrente tem somente elos fortes. Jogar uma parcela grande da população na pobreza significa ter um grupo que seguirá necessitando consumir as riquezas geradas, mas não poderá contribuir para gera-las. E o resultado de uma geração de riqueza abaixo do potencial e que acumula quase toda em pequenos grupos é o colapso social. Que inevitavelmente vem se não for endereçado a tempo.

A maneira mais eficaz, e rápida de evitar este colapso é fortalecendo as parcelas mais frágeis da sociedade. E isto só acontece redistribuindo renda e meios. Enganam-se os que acham que simplesmente gerando mais riqueza isso é possível. Em primeiro lugar porque de nada adiantar gerar mais riqueza se ela não chegar aos que estão fragilizados. Em segundo porque simplesmente não é possível gerar a riqueza suficiente sem a contribuição de todos. Distribuir riqueza nunca foi verdadeiramente uma agenda da direita. Pode ser no discurso, mas, na pratica, sempre foram as políticas progressistas as que trouxeram resultado neste sentido. E é por isso, por necessidade do próprio capitalismo, que mesmo aqueles que precisam de um mundo desigual para manter seu poder, precisarão inevitavelmente da esquerda, para poder sobreviver.

Eduardo Moreira[1]

---

1 Eduardo Moreira é formado em engenharia pela PUC do Rio de Janeiro e estudou economia na Universidade da Califórnia de San Diego (UCSD), onde foi eleito o melhor aluno do curso dos últimos 15 anos (GPA 4.0). Trabalhou no Banco Pactual até 2009 onde foi sócio responsável pela área de Tesouraria.

Em 2009 junto a outros sócios fundou a empresa Brasil Plural e criou a Genial Investimentos. Em 2013 Eduardo foi eleito pela revista Época Negócios um dos 40 brasileiros de maior sucesso com menos de 40 anos e em 2016 votado pela revista Investidor Institucional como um dos 3 melhores economistas do Brasil. Escreveu 8 livros, são eles: *Um Livro Chamado Vida* (Fivestar, 2001); *Encantadores de Vidas* (Record, 2012); *Investir é Para Todos - Um Guia de Finanças do Encantador de Vidas* (Record, 2013); *O Encantador da Montanha* (Record, 2013); *O Encontro: Um romance filosófico sobre o sentido da vida* (Record, 2014); *A vida é sua: O poder libertador de tomar as rédeas do próprio caminho* (Alaúde, 2016); *Branca de Neve e Zangado* (DSOP, 2017); *O Que os Donos do Poder Não Querem que Você Saiba* (Alaúde, 2017).

O best-seller Encantadores de Vidas, livro que atingiu o primeiro lugar em todas as listas de mais vendidos do Brasil. Em 2015 formou-se como roteirista pela New York Film Academy e em 2017 estreou como dramaturgo ao escrever a peça infantil Branca de Neve e Zangado, sucesso de público e crítica.

Eduardo foi colunista da revista Exame. Em 2012 foi o primeiro brasileiro a ser condecorado pela Rainha Elizabeth II em Londres.

Nota importante

Em pleno mês de abril de 2020 ao finalizar a revisão deste livro, o mundo estava enfrentando uma pandemia de COVID-19/coronavírus que iniciou na China e logo se espalhou pelo resto dos continentes, deixando um rastro de medo e mortes. E apesar da letalidade baixa comparada com outras pandemias a taxa de propagação foi altíssima e, matematicamente, isso implicava numa recontagem a todo momento sobre o número de mortes.

Essa pandemia acendeu o alerta na OMS – Organização Mundial da Saúde, sobre a importância de todos os países do planeta oferecerem um sistema de saúde gratuito para toda a sua população, pois, o que chamou a atenção foi a dificuldade que países que usam a saúde como mercadoria estavam tendo para conter o avanço do vírus, como por exemplo, nos Estados Unidos, país com o maior número de infectados e mortos pela COVID-19 que nos primeiros meses de pandemia para fazer o teste que detectava o vírus no corpo humano, gastava-se em média 3 mil dólares.

Em contrapartida, a China com uma política efetiva de Estado, em doze dias foram construídos onze hospitais dedicados ao tratamento dos infectados pelo coronavírus, além de outras ações integradas a diferentes áreas do governo. Tudo gratuito para atender a população chinesa, o que fez do país um dos menos afetados pela pandemia de COVID-19.

No caso da Itália o país europeu com o maior número de mortos pela COVID-19, cada região tem uma autonomia e um modo de agir que não dialoga com as demais, o que prejudicou muito ações de prevenção e controle da disseminação da doença. Tanto a Itália como outros países da Europa estão repensando seus sistemas de saúde desde a prevenção, internação e tratamento, visando maior eficiência e eficácia em momentos de pandemia.

Outro fator que preocupou os países ricos foi o pânico dos mercados financeiros, a indústria de automóveis parada, cidades sem trabalho, comércios fechados e turismo paralisado. Aos poucos, a pandemia expos a realidade opressora do capitalismo, mostrando que outras formas de pensar o mundo são necessárias.

A esperança é que a pandemia de COVID-19 possa gerar uma solidariedade global, e nossas pequenas diferenças se tornem insignificantes num mundo onde todos trabalham juntos para encontrar uma solução em tempos de crise, seja ela qual for.

Mas a pergunta a se fazer é: será que precisamos de uma catástrofe mundial para nos permitirmos repensar como sermos mais solidários com os outros?

Muitos especialistas afirmam que a pandemia de coronavírus indicará claramente a necessidade urgente de uma reorganização da economia global. Que este sistema não esteja mais à mercê dos mecanismos de mercado, pois o planeta precisa de formas de organização econômica e social que consigam controlar e regular a economia, bem como limitar a soberania das potências que destroem o meio ambiente (a fauna e a flora que são biomas de milhares de vírus desconhecidos).

Um vírus como o coronavírus se origina em animais, e quando ele infecta os seres humanos, ocasionalmente sofre mutações. A maioria das mutações é inofensiva, mas de vez em quando uma mutação torna o vírus mais infeccioso ou mais resistente ao sistema imunológico humano, e essa cepa mutante do vírus se espalha rapidamente na população humana. Como uma única pessoa pode hospedar trilhões de partículas de vírus que sofrem replicação constante, toda pessoa infectada oferece ao vírus trilhões de novas oportunidades para se tornar mais adaptado aos seres humanos.

Enquanto você lê essas linhas, talvez uma mutação semelhante esteja ocorrendo em um único gene no coronavírus que infectou uma pessoa nos na China, EUA, Itália, Espanha, México ou Brasil. Se isso de fato está acontecendo, é uma ameaça direta não apenas aos chineses, norte-americanos, italianos, espanhóis, mexicanos e brasileiros, mas ao Planeta todo. E isso significa que precisamos proteger todas as pessoas em todos os países.

O historiador, filósofo e autor dos best-sellers "Sapiens" e "Homo Deus – Uma breve história do Amanhã", Yuval Noah Harari, trouxe à tona sua percepção da pandemia que a humanidade está enfrentando[1]. Segundo o autor:

"O planeta Terra está vulnerável a inúmeros vírus que estão em constante evolução devido a mutações genéticas. E se um vírus perigoso consegue penetrar as fronteiras em qualquer lugar do mundo, toda a espécie humana está em perigo".

1 https://www.hsm.com.br/o-que-yuval-noah-harari-pensa-sobre-o-coronavirus/

Existem centenas de milhões de pessoas em todo o mundo que carecem de serviços de saúde básicos. Isso coloca em perigo todos nós. Estamos acostumados a pensar em saúde em termos locais e nacionais, mas fornecer melhores cuidados de saúde para todo o planeta ajuda a proteger a espécie humana também de epidemias e pandemias. Essa verdade simples deve ser óbvia para todos, mas infelizmente ela não é levada a sério pelas pessoas mais importantes do mundo.

Hoje a humanidade enfrenta uma crise aguda, não apenas devido ao coronavírus, mas também devido à falta de confiança entre os seres humanos. Para derrotar uma epidemia ou uma pandemia as pessoas precisam confiar em especialistas científicos, os cidadãos precisam confiar nas autoridades públicas e os países precisam confiar uns nos outros. Nos últimos anos, políticos irresponsáveis minaram deliberadamente a confiança na ciência, nas autoridades públicas e na cooperação internacional. Como resultado, agora estamos enfrentando esta crise desprovida de líderes globais que podem inspirar, organizar e financiar uma resposta global coordenada. Sem confiança e solidariedade global, não seremos capazes de prever nem vencer futuras pandemias ou qualquer outro agente biológico.

Esperamos que a pandemia atual ajude a humanidade a perceber o grave perigo que representa a desunião global. Neste momento de crise, a luta crucial ocorre dentro da própria humanidade. Se essa pandemia resultar em maior desunião e desconfiança entre os seres humanos, será a maior vitória do vírus.

Enquanto os humanos brigam por valorizar mais o dinheiro e o poder, os vírus dobram de potência e letalidade. Por outro lado, se essa pandemia de COVID-19 resultar em uma cooperação global mais estreita, será uma vitória não apenas contra o coronavírus, mas contra todos os patógenos futuros.

Em momentos de crise, as fissuras sociais e o caráter das pessoas são acentuados. Vivemos em tempos de extremo capitalismo neoliberal que quer sucatear o Estado e glorificar a privatização e o livre mercado, impondo o individualismo que já impregnou a consciência de todos nós. Vamos ter que repensar isso urgente!

As esquerdas no Brasil precisam repensar novas formas de fazer militância e política partidária para bater de frente com o atual momento em que o Estado de Bem-Estar Social está sendo destruído pelo projeto neoliberal de Jair Bolsonaro e sua equipe econômica.

O coronavírus provou que um Estado Mínimo não funciona, que a iniciativa privada não atende o interesse coletivo, no capitalismo o lucro está acima da vida, atacando a solidariedade que é a base do bem-estar comum.

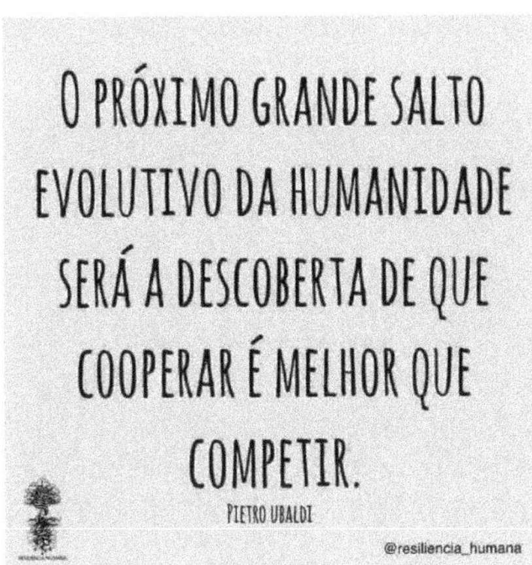

PARTE 1

DO LUTO À LUTA: POLITIZANDO AS MASSAS

Manifestações de Junho de 2013 e o despertar da Direita LACERDISTA e da Extrema-Direita Reacionária

No Brasil a partir de junho de 2013 movimentos da Direita Lacerdista e da Extrema-Direita Reacionária ganharam força e voz no cenário político nacional, principalmente através de manifestações de rua convocadas pela internet, reunindo multidões insatisfeitas com os políticos tradicionais e com o atual Governo Federal comandado pela então presidenta Dilma Rousseff do PT.

Em junho de 2013 na cidade de São Paulo, o Movimento (juvenil) Passe Livre (MPL) saiu às ruas para protestar contra o reajuste da tarifa do transporte público na capital paulista administrada desde então pelo prefeito Fernando Haddad, PT. O Brasil estava prestes a sediar o evento da FIFA, Copa das Confederações, e muito se falava na grande mídia a respeito das obras dos estádios de futebol e sobre a utilidade dos mesmos após a realização da Copa do Mundo, realizada no país no ano seguinte.

Simpatizantes da Direita Lacerdista e da Extrema-Direita Reacionária não ficaram em suas casas assistindo às manifestações pela TV. A guerra contra as esquerdas, principalmente ao Partido dos Trabalhadores (PT) foi declarada na Avenida Paulista em São Paulo, ao mesmo tempo no Rio de Janeiro no dia 20 de junho de 2013. Despertando uma multidão silenciosa e conservadora que já há algum tempo vinha sendo gestada na sociedade brasileira, e que ganhou potencialidade com o poder de difusão da internet.

Atuando majoritariamente nas redes sociais, grupos como MBL (Movimento Brasil Livre), "Revoltados On Line" (na época com quase 750 mil seguidores no Facebook) em que seus coordenadores defendiam uma intervenção militar e a extinção de partidos políticos como o PT e partidos de esquerda. Outro grupo o "Vem pra rua" (os principais articuladores do "panelaço" contra Dilma), também faziam ataques à Venezuela, Cuba e a tudo lembrava Karl Marx, as esquerdas ou o comunismo. Foi um grito de guerra entre todos estes movimentos a seguinte frase "a nossa bandeira jamais será vermelha", que não foi uma palavra-de-ordem inflamada à toa, era um grito de guerra da Direita Lacerdista e da Extrema-Direita contra o Partido dos Trabalhadores (PT) que estava no Poder Executivo Federal.

Muito do que se viu nas manifestações de 2013 em diante, não foram eventos meramente espontâneos, pelo contrário, foram a mais forte expressão do reacionarismo ultraconservador que por anos estavam adormecidos na sociedade brasileira, e que atualmente em 2020 domina o discurso político no Brasil. É o renascimento de um discurso não apenas comandado por pessoas mais velhas, mas sim impulsionado por gente mais nova que não tem constrangimento ou vergonha, ainda que por ignorância intelectual ou por mau-caratismo de se expor de forma ridícula nas ruas e redes sociais.

A Direita Lacerdista e a Extrema-Direita Reacionária tiveram forte apoio da grande mídia televisiva, através de programas de auditório de quinta categoria, programas policiais neofascistas, programas religiosos pentecostais e neopentecostais, e dos telejornais com seus âncoras e comentaristas anti-PT e anti-esquerda. Esta mesma grande mídia televisiva, também deu força e voz para setores neofascistas do judiciário, Ministério Público Federal e Policia Federal.

As vítimas do ódio emanado pela Direita Lacerdista a da Extrema-Direita Reacionária, foram, é claro, as esquerdas e seus militantes, os políticos progressistas, os jovens pobres e negros, as feministas, os homossexuais, todos vandalizados, estigmatizados e caricaturados. Estes movimentos reacionários no Brasil, sempre apresentou traços xenofóbicos e segregador, pois sempre identificam quem é diferente dos seus valores como "inimigos".

A partir de junho de 2013 a polarização política suspendeu o debate politizado e racional, substituindo-o por um "inimigo único", que levou a descaracterização do que é esquerda e direita no espectro político nacional. Tudo isso resultou em uma despolitização que se deu porque passamos a ter um debate simplesmente de inimigos, sem considerar antagonismos reais da sociedade. A esquerda brasileira em geral, confusa ou até estupefata diante do fenômeno inusitado e desacostumada com manifestações não coordenadas por ela, oscilou em suas posições entre uma rejeição enérgica e uma posição de encarar as manifestações de junho de 2013 como produto da dinâmica da própria democracia.

Para oferecer aos leitores e leitoras maiores reflexões sobre a conjuntura política e social que foi construída no Brasil a partir de junho de 2013 até os dias atuais em 2020, vou destacar alguns conceitos que foram mesclados pelos filósofos, o francês Jacques Rancière e do também filósofo e psicanalista esloveno Slavoj Žižek. Comecemos então por descrever cada um deles:

Pós-política: esse tipo adentra acompanhado do discurso da pós-ideologia, muito difundido por autores como Fukuyama (filósofo e economista político nipo-estadunidense, um dos ideólogos do governo Ronald Reagan. Fukuyama é uma importante figura do conservadorismo, também é considerado o mentor intelectual de Margaret Thatcher), que defende que as ideologias não seriam mais presentes no nosso mundo, pois o mesmo teria superado tais embates ao final da Guerra Fria. Então não caberiam mais disputas políticas a respeito do econômico, do político e do social; no lugar disso caberia encontrar gestores e tecnocratas inteligentes, responsáveis e neutros (imparciais, sem ideologias) para gerenciar a sociedade; uma elite econômica formada por déspotas esclarecidos. A pós-política também se anuncia como "nem de direita e nem de esquerda", com um posicionamento difuso, mesmo quando claramente defende um ponto ideológico. Um exemplo escancarado do que nos referimos aqui é a figura do ex-prefeito de São Paulo e atual Governador do Estado – SP, João Dória, que mesmo representando um programa neoliberal, se apresenta como um gestor neutro e não como um político.

Ultrapolítica: a mais potente forma de renegação, já que trata da própria militarização da política nos moldes do conceito de política de Carl Schmitt, com o sendo uma guerra aberta dos aliados contra os inimigos ao ponto não somente de vencê-los, mas de eliminá-los completamente. Não haveria regulação alguma entre esse embate. Os movimentos fascistas ou populistas que adotam os lemas de "nós contra eles" personificam bem esse tipo, criando símbolos chauvinistas e bodes expiatórios. Eles buscam condensar a variedade ideológica em apenas dois polos que devem se digladiar a todo custo. No Brasil temos o a vivência diária da Ultrapolítica na polarização de "coxinhas e mortadelas", do Lula contra o Bolsonaro, não importando os meios para se garantir a vitória.

Arquipolítica: designa os comunitarismos políticos, que procuram definir o social como um campo homogêneo, unificado e fechado, sem contradições, caracterizado por traços identitários fortes, tradições rígidas e mitos de fundação. Nos comunitarismos é comum a analogia da sociedade como um corpo orgânico que, para funcionar satisfatoriamente, cada parte pré-definida deve exercer suas funções sem questionamentos. A dissidência é vista como sinal de doença ou invasão de corpos estranhos que ameaçam a totalidade da comunidade, tornando a extirpação necessária. Os movimentos neoconservadores da Europa, que buscam preservar identidades nacionais que estariam ameaçadas pela presença de estrangeiros, ilustram bem essa manifestação.

Parapolítica: aqui tratam-se das formas que almejam reduzir a política para o campo da democracia representativa, onde os conflitos são aceitos desde que sejam reformulados no âmbito da competição por votos e pela nomeação de representantes reconhecidos para ocupar o poder temporariamente. Seriam as maneiras de tentar domesticar a política pela lógica do consenso no Estado de Direito, dentro de regras claras, evitando que os antagonismos irrompam de modo que possam ser perigosos. Encontramos a base teórica para isso em diferentes teóricos de diferentes correntes e escolas (Habermas, Rawls, Laclau e Mouffe). Os movimentos reformistas, que acreditam que mudanças graduais e consensuais são possíveis, poderiam exemplificar a parapolítica. Aqui cabe citar os Governos de Lula e Dilma em torno da tal governabilidade em seus pactos capitalistas que colaboraram para a despolitização das esquerdas.

Metapolítica: ao contrário da parapolítica, a metapolítica não acredita que os antagonismos sociais possam ser resolvidos por meio dos representantes atuantes nas instituições do Estado de Direito essas não seriam de fato relevantes. O importante não é o que acontece nas assembleias, mas na cena da economia. É a economia que determina o que realmente importa em todos os outros campos do social. Não é à toa que os modelos socialistas do passado (como o próprio stalinismo) são vistos como exemplos dessa metapolítica. As opiniões e divergências de grupos são secundárias, o que importa é entender campo econômico e intervir, por meio de um líder, para que as reais mudanças aconteçam e as leis da História sejam seguidas (como nos moldes do materialismo dialético vulgar). A repressão política torna-se justificável para garantir que o objetivo maior e racional seja alcançado.

Esses conceitos citados acima não necessariamente existem isolados, de forma autônoma. Muitos grupos e atores políticos incorporam mais de um tipo em suas práticas, como o fascismo que faz a junção da Arquipolítica com a Ultrapolítica.

A aposta das esquerdas na racionalidade: um erro a ser corrigido

Eu, como Psicólogo Analista do Comportamento, posso afirmar que o Brasil, a partir de 2013, viveu um momento de "ataque à razão" e de posições irracionais contra a política e os partidos políticos. Tudo motivado pelo aparecimento em massa de pseudointelectuais reacionários nas redes sociais que colaboravam diariamente para a destruição da nossa frágil democracia.

Também surgiu formadores de opinião em programas de televisão e rádio, na música, meio artístico, principalmente humoristas contra o politicamente correto, todos fazendo diariamente um assalto à razão, reproduzindo a mesma lógica alienante brasileira dos anos 1930 e do período da Guerra Fria.

Infelizmente em pleno ano de 2020 afirmo com grande tristeza que vivemos uma "ditadura da era da informação" que significa uma guerra de narrativas esquizofrênicas por parte da Direita Lacerdista e Extrema-Direita Reacionária que vem se mostrando fortemente contrária aos direitos trabalhistas, aos direitos humanos, a ciência e a comunidade acadêmica.

Deixo claro que o problema da despolitização ocorrida pós-2013 não foi culpa das redes sociais como ferramenta de comunicação, mas o fator emocional que elas despertam que explica a ascensão do extremismo e do conservadorismo no Brasil. A neurociência social como campo em expansão com resultados empíricos, mostra que somos animais emocionais e a ideia de que somos somente seres racionais está cientificamente superada. Primeiro, dizemos no que queremos acreditar, depois recebemos o que queremos receber e bloqueamos o que não queremos ver e ouvir.

O Brasil depois de 35 anos de sua redemocratização está vivendo um novo tipo de ditadura que tem como pilares a disseminação de notícias falsas e sucessivos ataques à educação acadêmica, a ciência e as esquerdas. Em pleno ano de 2020 no Brasil, há pessoas que afirmam que o nazismo é de esquerda, que os comunistas querem dominar o planeta, surgiu movimentos antivacina e pessoas que acreditam que o planeta terra é plano e não um globo.

Com todos estes absurdos, como é possível que na era da informação (internet e redes sociais), pessoas acreditam em tais asneiras?

- Primeiro temos que entender que as pessoas não funcionam racionalmente e sim a partir de emoções, ou seja, a base do comportamento é emocional e, depois, utilizamos nossa capacidade racional para racionalizar o que queremos. As pessoas não leem os jornais, pesquisam na internet ou veem o noticiário para se informar, mas para se confirmar suas opiniões. As pessoas leem ou assistem o que sabem que vão concordar, não vão ler algo de outra orientação cultural, ideológica ou política;

- A segunda razão para esse comportamento é que vivemos em uma sociedade de informação desinformada. Temos mais informação do que nunca, mas a capacidade de processá-la e entendê-la depende da educação e ela (a educação) em geral, particularmente no Brasil está em muito mau estado devido ao elevado nível de analfabetos funcionais que não sabem interpretar um texto simples.

Vale lembrar que o Brasil neste século XXI vem perdendo a influência da Igreja Católica para as igrejas evangélicas neopentecostais, para quem claramente não importa a ciência e a educação libertadora e progressista, porque para os neopentecostais quanto mais educadas e informadas estejam as pessoas, mais capacidades terão de resistir à doutrinação religiosa.

Com o mundo globalizado em que o Mercado Financeiro Nacional e Internacional comandam as políticas econômicas no Brasil, sabemos que é difícil estabelecer uma ditadura a moda antiga (com o exército fechando o Congresso Nacional e extinguindo eleições diretas), através disso, outro tipo de ditadura teve que ser travada no país que usou da informação para ocupar o cérebro dos incautos despolitizados.

É importante deixar claro que esse tipo de ditadura só pode funcionar com um povo cada vez menos educado e mais submetido à manipulação ideológica.

O atual mundo da informação é pautado nas redes sociais, e elas permitem a autonomia dos indivíduos. Infelizmente as esquerdas junto a sua militância, acreditou que a Revolução Tecnológica seria um instrumento de liberdade, e é; mas é uma liberdade que se usada por manipuladores inescrupulosos se transformam em técnicas muito poderosas de desinformação e manipulação.

As redes sociais tiveram um papel fundamental na vitória de Jair Bolsonaro (um cara rude, preconceituoso e com pensamento totalitário) mas que foi eleito "democraticamente" ajudado por um bombardeio de Robôs e Fake News contra seus adversários, numa guerra de narrativas controlada por movimentos antidemocráticos, muitos deles de cunho religioso e neofascista.

Com a vitória da extrema-direita na eleição presidencial de 2018, surgiu a pergunta se de fato, há um renascimento do fascismo no Brasil?

Antes de responder vamos entender primeiro o que é o fascismo:

- O fascismo é a rejeição ao princípio da igualdade entre homens, isto é, que os indivíduos são por natureza ou socialmente desiguais, pois pertencem a "raças", culturas, povos ou nações diferentes. O fascismo rejeita os princípios da democracia liberal, isto é, propõe que a democracia seja abolida ou substituída por um regime autoritário que repudia as liberdades democráticas e passa a perseguir objetivos de limpeza étnica e expansão externa por meio de violência redentora e sem estar submetido a restrições éticas ou legais de qualquer natureza. O fascismo é um projeto contra-revolucionário que se fortalece em momentos de crises políticas, econômicas e sociais. Sua ideologia é antiliberal, antimarxista, antidemocrática e também anticonservadora, é baseada no ultranacionalismo, isto é, aquela espécie de nacionalismo que nega a igualdade como valor fundamental, rejeitando, portanto, tanto a esquerda revolucionária quanto a direita liberal (social-democrata) ou mesmo qualquer tipo de direita democrática. O fascismo é pautado no culto à violência, fanatismo religioso e o militarismo: o culto a violência significa não só o emprego da violência como instrumento político, mas a violência é valorizada como "virtude redentora", "renovadora do espírito", "moldadora de caráter".

Então o Presidente Jair Bolsonaro é um Fascista ou um Reacionário da Extrema-Direita?

Capitão reformado do exército e ex-deputado federal por quase 30 anos, Jair Bolsonaro ganhou notoriedade com seu discurso de ódio sobre as minorias, através de colocações regadas a preconceito, racismo, homofobia e xenofobia, e sua defesa a ditadura militar exaltando torturadores do regime. Sempre foram marcas do parlamentar, bem como a sua apologia ao uso de armas pela população, o aumento do uso da força policial como solução para a violência. Bolsonaro fez e faz discursos fortes que se adaptam a diferentes audiências, alcançando, tanto eleitores das elites, da classe média conservadora, quanto os mais pobres.

O Brasil tem uma audiência muito sensível à propaganda da Extrema-Direita que é saudosa da ditadura militar (1964-1985), que é apresentada como um período positivo por Jair Bolsonaro.

Quanto ao Bolsonaro ser um Fascista ou um Populista da Extrema-Direita, aqui é importante destacar que ele **AINDA** não é um fascista. Por enquanto até a finalização deste livro (ano de 2020) segundo ano de mandato como Presidente da República, ele é apenas um representante da Extrema-Direita Reacionária com comportamentos neofascistas.

Vamos entender melhor abaixo:

Para o Bolsonaro ser um fascista é importante deixar claro que a marca registrada de um governante fascista é possuir uma tropa de controle e ataque, um tipo de milícia privada que atua de maneira explicita e violenta. Bolsonaro ainda não tem pessoas organizadas vestindo camisas pretas (em referência aos seguidores de Mussolini na Itália) ou camisas marrons (de Adolf Hitler, na Alemanha), batendo em opositores. O fascismo depende do casamento entre um líder autoritário e uma milícia privada ou paramilitar. Bolsonaro **AINDA** não tem uma milícia que vai bater na porta de seus opositores no meio da noite, como é de costume em um regime fascista. Bolsonaro tem muitos elementos em comum com o neofascismo, a propaganda dele tem elementos que pertencem à ideologia fascista, como o uso de linguagem violenta, as ameaças abertas ou veladas e a posição ambivalente em relação às agressões atribuídas a seus seguidores, pois, ele e seu governo ainda não pode ser caracterizado como fascista.

> Vale lembrar que Jair Bolsonaro é apoiado por grande parte dos evangélicos extremistas, principalmente os neopentecostais fundamentalistas com implícito comando dos EUA para impor uma nova forma de dar golpes na América Latina. Os Estados Unidos como não podem mais financiar nem incentivar publicamente golpes militares, a partir de 2013 passaram a usar o poder judiciário e setores ultraconservadores da sociedade latino-americana como estratégia política imperialista (uma espécie de "guerra santa") para dar golpes em governos democráticos de esquerda na América Latina.

Foi de fundamental importância o papel que seitas evangélicas tiveram na eleição de Jair Bolsonaro, amedrontando fiéis em cultos, radicalizando o discurso e contribuindo para a difusão de fake news via Whatsapp.

Para quem não sabe a "bíblia neopentecostal" interpretada de forma fundamentalista e charlatanesca por pastores latino-americanos, é oriunda de seitas norte-americanas, e ela é usada hoje em pleno ano de 2020 pela OEA (Organização dos Estados Americanos) como instrumento ideológico de poder neoliberal. Estas seitas evangélicas norte-americanas não tiveram sucesso e foram retiradas do Oriente Médio durante algumas guerras por lá, comandadas pelos Estados Unidos, elas (as seitas) haviam se mudado da América Latina para Oriente Médio, mas como no Iraque e no Irã foram derrotadas, retornaram à América Latina e querem recuperar o poder político local. E a única forma de tomar o poder é através de golpes se unindo com políticos reacionários e antidemocráticos que são ideologicamente colonizados pelo governo norte-americano.

Esse movimento extremista evangélico querem o poder político em suas mãos, e neste ano de 2020 há ferramentas intelectuais suficientes para analisar essa "guerra santa" que os Estados Unidos estão usando para sustentar golpes nos países da América Latina.

Descrevendo os inimigos da democracia popular:

As esquerdas para enfrentar o bolsonarismo mais o sistema político/econômico burguês que dá sustentação ao Governo Bolsonaro, é fundamental conhecer tais estruturas. É necessário compreender quem manda no Brasil atualmente para entender que não existe somente um comando, mas sim, uma coalisão de alguns grupos que são muito antigos no cenário político brasileiro, e outros muito recentes.

Primeiramente os bolsonaristas são: **Os Olavistas, Militares e os Evangélicos Extremistas.** Já o sistema político/econômico burguês que oferece apoio para o bolsonarismo são: **os Liberais de Mercado, a Direita Lacerdista e o Centrão Legislativo.** Abaixo vou descrever cada um deles:

- **Os Olavistas** sempre fizeram o papel de "animadores de torcida". São os comandantes do "gabinete do ódio" atuante nas redes sociais, criando e compartilhando Fake News contra adversários do Governo Bolsonaro. É o grupo que empurra o bolsonarismo para a extrema-direita, ou seja, o neofascismo, as teorias da conspiração, o revisionismo histórico esdruxulo, dentre outros absurdos encontrados no bolsonarismo, são oriundos dessa ala ideológica Olavista.

Para descrever melhor o *modus operandi* dos Olavistas, cito o professor de literatura e história da cultura da Universidade de Tübingen na Alemanha Michael Butter especialista em teorias da conspiração. Ele afirma que a disseminação de tais teorias, contribui no campo político para a ascensão de partidos populistas de Direita e Extrema-Direita. Para Butter "teorias da conspiração frequentemente têm um forte ímpeto conservador no sentido de preservar uma ordem ameaçada ou trazer de volta uma ordem abolida pelos supostos conspiradores, e tanto os teóricos da conspiração como populistas são movidos por uma nostalgia pelo passado". Segundo o autor, mesmo uma teoria da conspiração inofensiva à primeira vista pode ser problemática, em geral, elas não são inofensivas quando são dirigidas contra os mais fracos ou minorias, como refugiados ou, historicamente, contra os judeus. Ao mesmo tempo, as teorias da conspiração podem, claro, ser perigosas para nossa coexistência democrática, por exemplo, se alguém acredita que os nossos políticos estão todos em um grande conluio para roubar o povo, que são todos marionetes de uma conspiração, o cidadão desmotivado com tal cenário, se retira da cena política e não participa mais de nada (esse seria o famoso desencantamento político), ou seja, a morte da democracia.

Aqui gostaria de deixar claro que as teorias da conspiração não são apenas o domínio dos loucos paranoicos, que certamente existem. Mas também há muitas pessoas racionais que acreditam em teorias da conspiração porque estão procurando explicações para problemas bastante reais. Na grande maioria dos casos, você tem que levá-los a sério, porque eles são um sintoma e nos apontam para as coisas que preocupam as pessoas, e estas pessoas precisam ser educadas para não serem vítimas de Fake News. Para algumas pessoas, é mais fácil aceitar que determinados vilões estão mexendo os pauzinhos ocultamente do que aceitar que não há ninguém mexendo os pauzinhos. Teorias da conspiração muitas vezes simplificam, à medida que o campo político é reduzido entre os conspiradores e os outros. Ao mesmo tempo, eles têm que fazer operações muito complicadas para mostrar porque X e Y estão em conluio e que tudo faz parte de um grande plano.

E é nesse contexto conspiratório que surge o maior representante das teorias da conspiração, um velho conhecido do campo da astrologia chamado Olavo de Carvalho. Um cidadão que não tem curso universitário muito menos é um especialista reconhecido pela academia em assuntos que englobam o socialismo e o comunismo. Olavo chama tudo relacionado as esquerdas de "marxismo cultural", cujo objetivo seria a destruição da civilização ocidental judaico-cristã e dominar ideologicamente as Universidades Públicas, a Grande Mídia Televisiva, Mídia Escrita, e a Indústria Cultural.

O que é esse tal de 'marxismo cultural' que tanto Olavo e seus seguidores se referem?

Essa teoria da conspiração é oriunda da Alemanha nazista (1930) denominada de "bolchevismo cultural" que para os nazistas era uma tentativa dos marxistas de desgastar os valores tradicionais do povo alemão. E pasmem! É dessa fonte que Olavo de Carvalho e seus seguidores bebem para justificar o tal "marxismo cultural", reutilizando a nefasta prática nazista de perseguição aos marxistas.

O "bolchevismo cultural" foi um ataque dos nazistas principalmente a Escola de Frankfurt que teve que retirar seus intelectuais da Alemanha como Theodor W. Adorno, Max Horkheimer, Herbert Marcuse e Walter Benjamin a se refugiarem nos EUA para não serem presos ou mortos. E Olavo de Carvalho, é um grande opositor da Escola de Frankfurt, acusando-a de ser responsável pela destruição de toda a cultura judaico-cristã do século XX até os dias atuais.

O "bolchevismo cultural" ou "marxismo cultural" é uma estratégia conspiratória para atacar principalmente as universidades públicas e seus professores progressistas, que segundo Olavo de Carvalho são doutrinadores marxistas que usam os alunos para uma guerra cultural contra os valores tradicionais da sociedade brasileira.

Lembrando novamente que Olavo de Carvalho não tem curso universitário, não teve uma tese avaliada por uma banca de acadêmicos, aliás, seus artigos nunca foram publicados em revistas acadêmicas. Os escritos de Olavo estão em livros que não dependem de avaliação criteriosa para serem publicados.

Precisamos entender que os pilares das falácias de Olavo são oriundos de velhos clichês da Guerra Fria, coisa tão batida, mas que ainda tem forte efeito sobre um povo em sua maioria ignorante com baixo índice de leitura.

Aí surge outra pergunta: por que Olavo de Carvalho usa tanto os velhos clichês da Guerra Fria?

Simples: porque precisou-se reviver no imaginário popular os velhos inimigos, os socialistas e comunistas. Só que dessa vez não são mais os soviéticos ou cubanos, mas sim, os petistas ou esquerdistas. Olavo foi mestre em fazer um revisionismo histórico esdruxulo, usando e abusando de mentiras para angariar seguidores que reproduziram seus delírios como um mantra, principalmente nas redes sociais (Youtube), onde o palavrão, xingamentos e palavras de baixo calão são armas de desconstrução e destruição de reputações nos debates quando o próprio Olavo e seus seguidores se percebem sem argumentos. Eles atacam com ferocidade o seu oponente acabando com qualquer debate, mostrando assim uma superioridade intelectual na finalidade de rebaixar o oponente como burro ou estúpido. Atacar reputações para humilhar o inimigo é regra na tática Olavista.

Olavo entrou na guerra cultural para demonizar as esquerdas pela via da Extrema-Direita para criar o caos social, em uma enxurrada de teorias da conspiração com tudo e com todos. Os canais de Youtube na internet estão cheios de seguidores de Olavo de Carvalho: tem pastor evangélico, músico fracassado, subcelebridade, deputado, senador, cidadão comum, jornalistas, comediantes e até o presidente do Brasil Jair Bolsonaro e seus filhos são seus fiéis seguidores.

O astrólogo fez toda sua fama acusando o socialismo, comunismo e as esquerdas de tudo o que não presta, usando um exército de reprodutores para ecoar as suas ideias, despertando uma rebeldia neoconservadora e neofascista que foi para o campo de batalha dialética com ódio e venceu. E as esquerdas não foram capazes de agir a tempo de evitar o pior, e o pior aconteceu, a Extrema-Direita voltou ao poder no Brasil.

Olavo de Carvalho é agora o mentor intelectual de muitos brasileiros que se "instruem" por meio das redes sociais. Enquanto os intelectuais, políticos e militantes da esquerda o chamavam de louco, desdenhando de seu poder intelectual e de convencimento, Olavo deu um baile nos seus críticos, ganhando multidões alienadas e vulneráveis para o discurso falacioso da Extrema-Direita.

A internet usada como arma de guerra:

A socióloga e doutora em Ciências Humanas e Sociais pela Universidade Federal do ABC Celina Lerner na sua tese de doutorado *A Mentalidade Conservadora no Brasil*, fez uma análise da interação política em redes sociais digitais. A autora selecionou comentários feitos entre 2012 e 2018, num total de mais de 900 mil comentários. Pela análise dessas redes, foi identificado os principais valores compartilhados demonstrando a mentalidade conservadora brasileira raivosa e mal-educada que engoliram os debates nas mídias sociais, tomaram as ruas em pequenos atos ofensivos ou em grandes manifestações e chegaram até o Congresso Nacional e a Presidência da República por vias eleitorais.

A pesquisa empírica de análise mapeou uma rede de mais de 9 mil páginas no Facebook e a rede de curtidas das páginas mostrou que os atores ligados ao conservadorismo se distribuem entre a esfera religiosa (cristã) e a esfera política (de direita). A comunidade conservadora, a maior da rede, reúne páginas anti-feminismo de defesa do liberalismo econômico; páginas de fãs das Forças Armadas; de militantes pela facilitação do porte de armas; páginas de políticos; de jornalistas; de celebridades midiáticas; de ativistas de internet; de novos movimentos sociais e outros. A força que uniu esses diferentes atores nessa grande rede foi a oposição a tudo que possa ser relacionado à esquerda.

O grande tema que perpassa os comentários analisados pela Doutora Celina foi o fantasma do comunismo, e em linhas gerais, a mentalidade que emergia nos comentários tinha como "carro chefe" as palavras 'Brasil", 'deus' e títulos como 'a ameaça comunista/ petista/esquerdista', 'vagabundos corruptos', 'feministas e gays vão acabar com o Brasil'.

Foi evidente na pesquisa a prevalência das ocorrências variadas sobre as esquerdas, inclusive com neologismos ou derivações como esquerdopatas, esquerdistas e esquerdismos.

Infelizmente temos que lamentar que um cidadão como Olavo de Carvalho com seu pensamento que mistura erudição, paranoia, ressentimento e inconsequência tenha vencido a guerra da informação contra as esquerdas: **erudição** porque se trata de um sujeito que leu bastante e tem grande habilidade retórica, pois parte da influência que exerce sobre seus leitores tem a ver com o poder de persuasão de seus textos; **paranoia** porque ele vê conspiração e intencionalidade em tudo, como a ideia de que o Foro de São Paulo é uma conspiração da esquerda latino-americana "escondida pela mídia". Como já descrito vem dele a crença de que as universidades, grande mídia televisiva, e redações de jornais são uma "estratégia gramsciana da esquerda" para dominação cultural; **ressentimento** de Olavo porque é evidente que desejou ser assimilado e valorizado pelo establishment intelectual acadêmico, que nunca o aceitou; **inconsequência** porque deixou de se preocupar com a solidez dos argumentos para cair de cabeça nas teorias da conspiração que são armas poderosas para destruir a racionalidade e a democracia em benefício de um governo autoritário e neofascista como o de Jair Bolsonaro.

O fato é que o projeto intelectual de Olavo de Carvalho fracassou no meio acadêmico, mas seu projeto de poder político é um dos mais bem-sucedidos da história do Brasil. Enquanto as esquerdas caminham recolhendo os cacos pós-2018, tentando entender o que aconteceu, Olavo de Carvalho segue tranquilo na sua casa lá nos Estados Unidos, ministrando cursos pela internet, e falando besteira no Twitter e Youtube.

- **Os Militares** após o Golpe de 1964 montaram uma estrutura política que lhes garantiu a permanência no poder através de uma falsa democracia. Para isso, seria de fundamental importância que o jogo político composto pelo funcionamento do Congresso Nacional fosse mantido sem, contudo, oferecer ameaça ao poder das Forças Armadas. Dessa forma, em 27 de outubro de 1965, Castelo Branco editou o Ato Institucional nº 2 (AI-2) que, em seu art. 18, declarava: "Ficam extintos os atuais Partidos Políticos e cancelados os respectivos registros. O AI-2 e o ACP-4: A criação do bipartidarismo. No lugar dos treze partidos extintos foram criados dois partidos: Aliança Renovadora Nacional (ARENA) e Movimento Democrático Brasileiro (MDB). Estes partidos foram criados a partir das determinações do Ato Complementar nº 4 (ACP-4), publicado quase um mês após o AI-2. Em seu artigo 1º ficou determinado que essas novas organizações teriam que ser compostas por, no mínimo 120 deputados e 20 senadores. Como havia 350 deputados, não era possível que houvesse mais do que dois partidos políticos. Além disso, tais organizações teriam apenas 45 dias para serem criadas. E com esse apoio da ARENA partido que apoiava os militares e do MDB (que fazia uma oposição tolerável para o regime militar), a caserna ficou no poder de 1964 até 1985.

Afastados do cenário político por mais de três décadas, os militares voltaram com toda a força no Governo Bolsonaro, ocupando milhares de cargos de suma importância no executivo federal que vão do vice-presidente da república, ministros de estado, até diretores de estatais.

No início do governo de Jair Bolsonaro, alguns analistas identificavam os militares como um possível eixo de estabilidade, pois cientes do seu papel constitucional, manteriam o autoritarismo de Jair Bolsonaro sob controle republicano. Hoje, no entanto, vemos que alguns militares são, em especial do Exército Brasileiro, parte das forças que mantém de pé a gestão Bolsonaro de forma autoritária.

Na visão otimista do senso comum e de grande parte da mídia jornalística, esperava-se que a cúpula militar (que jamais morreu de amores por Bolsonaro), fosse o freio de uma previsível jamanta desgovernada no Planalto. Essa expectativa, por si só, já não era positiva para a democracia. Não era porque já concedia ao autoproclamado poder moderador que os militares historicamente têm sobre a condução política doméstica no país. Quando os guardiões armados entram para a política, diminui-se a previsibilidade, e a opção pelo uso da força passa a ser uma alternativa mais próxima do que outras encontradas pelo diálogo democrático. É a dominação pelo medo, o que fragiliza os controles democráticos constitucionais.

As Forças Armadas infelizmente após os anos de vivência democrática, não aprenderam a lição, pois, nunca fizeram "mea-

-culpa" sobre os crimes da ditadura. Afinal de contas, os atos de discordância na tentativa de esconder a face macabra da história, como frente à Comissão Nacional da Verdade, já mostravam que não chegariam ao ponto de aceitar os crimes cometidos pelos militares durante os anos de 1964-1985.

Aguardemos torcendo para que os militares não façam a besteira de golpear a democracia brasileira como fizeram em 1964.

- **Os evangélicos extremistas** possuem presença cada vez maior e influente no núcleo do governo Bolsonaro. Estes grupos evangélicos possuem a característica de serem reacionários, barulhentos e outros bastantes discretos. Os mais influentes no Governo Bolsonaro são os calvinistas, grupo este que deu grande apoio na criação do novo partido de Bolsonaro, o Aliança pelo Brasil.

Os calvinistas são os evangélicos que se orientam pelo legado do reformador francês João Calvino. Comumente, são mais associados com o calvinismo os membros das igrejas presbiterianas. No entanto, a teologia de Calvino está presente em diferentes denominações, espalhadas em várias igrejas batistas e pentecostais no Brasil. A diferença principal dos evangélicos calvinistas dos demais é sua compreensão de que o cristianismo deve reivindicar sua hegemonia sobre a cultura. Na prática, isso significa uma concepção que tolera, e até promove a ideia de superioridade cultural e moral do cristianismo e prega como missão influenciar a cultura. Em outras palavras, a "cosmovisão cristã", um outro conceito utilizado, deve estar em tudo, orientando e dominando o mundo.

Outra característica desse calvinismo é a postura discreta de suas principais figuras. São bem diferentes das lideranças histriônicas, principalmente pentecostais e neopentecostais como

Silas Malafaia, Edir Macedo, Valdemiro Santiago, Estevam Hernandes, Marco Feliciano, R.R. Soares, Magno Malta entre outros, cujo projeto de poder é claro e definido, querem a influência política a todo custo, atacam e enfrentam adversários com mais exposição, fizeram campanha para Bolsonaro abertamente, subiram em palanque e o tornaram convidado de honra nas diversas "Marchas para Jesus".

O grupo calvinista, por sua vez, chegou devagar e quase não foi notado. Não subiram em palanque ou levaram Bolsonaro em suas igrejas. Alguns, inclusive, mostravam desconfiança com Bolsonaro, embora sempre deixassem claro que votariam nele para evitar uma vitória do PT. É um grupo que manifesta, de maneira quase unânime, e seu interesse é fortemente direcionado no campo da cultura, dos direitos humanos e da educação. Não disputaram ministérios mais cobiçados como economia, saúde, justiça nem órgãos e autarquias como BNDES, Caixa Econômica, Petrobras ou Correios. Seu alvo é onde os valores morais são disputados como no Ministério da Mulher, Família e dos Direitos Humanos, e o Ministério da Educação. E é assim que eles estão pautando a esfera pública do país, ferindo a laicidade do estado e sendo raramente percebidos, enquanto os olhos da opinião pública estão voltados para o grito dos pentecostais mais fervorosos.

Como candidato, Bolsonaro foi muito bem instruído no discurso que alimentou a pauta de costumes de sua campanha, afetando fortemente o imaginário evangélico extremista calcado na proteção da família tradicional, na heteronormatividade e no controle dos corpos das mulheres.

É forte no governo federal a representatividade e protagonismo da significativa parcela extremista dos evangélicos, especialmente por conta do alcance de apoio que o governo não encontra com outros segmentos. Os evangélicos extremistas são, hoje, portanto, prioridade no governo federal. E como este quadro se desdobrará, ou se configura até o fim do governo Bolsonaro? É uma incógnita.

- **O Liberalismo de Mercado** atualmente tem o seu principal representante o Ministro da Economia Paulo Guedes e seu projeto é vender o Brasil, privatizando tudo o que for possível com a justificativa de que irá equilibrar as contas públicas, porém, o que está visível é o projeto de Guedes de privar o Estado brasileiro de receitas e de instrumentos de ação voltadas para o interesse do povo mais pobre.

Paulo Guedes é praticante de um "charlatanismo de mercado" que pode ser descrito como uma espécie de "Olavismo Econômico", pois, não existe diferença entre Paulo Guedes com Olavo de Carvalho (todos, têm apego a teorias sem fundamento, são arrogantes e truculentos na discussão pública). Guedes é o Olavo do Mercado Financeiro, praticante de um capitalismo delirante que vai se subordinando à liderança de uma burguesia servil que se impõe sobre os interesses de grande parte do povo brasileiro.

Se Paulo Guedes tiver sucesso na sua gestão, o futuro do Brasil será determinado pelo capitalismo colonial, a superexploração do trabalho, o trabalho escravo, o neofascismo e as distopias, transformando futuros engenheiros, assistentes sociais, psicólogos, sociólogos, advogados, dentistas, biólogos em entregadores de pizza no Uber Eats ou motoristas de aplicativos.

- **A direita lacerdista** oriunda do jornalista, escritor e político Carlos Lacerda que entrou para a história do Brasil entre as décadas de 1940 a 1960 como aquele que procurou rebaixar o debate político nacional ao nível da rinha de galo, acusando os seus opositores de um complô contra os valores da família, perpetrado principalmente por esquerdistas que estavam comandando uma infiltração comunista por todos lados. Ou seja, todo um método de ação que estimulou o pensamento político na época de quem dividia o mundo entre amigos e inimigos. Carlos Lacerda em seu ímpeto golpista na década de 1940, atacava de forma leviana o Getúlio Vargas e seu sucessor Café Filho, passou para a década de 1950 (com o apoio da classe média urbana conservadora), ensaiando um golpe contra o então presidente Juscelino Kubitschek, acusando-o de ter fraudado a eleição em 1955 e de estar envolvido em esquemas de corrupção. Seu caráter golpista atacou também ferozmente Jânio Quadros fazendo uma campanha de teor anticomunista acusando o então presidente de estar organizando um golpe. Jânio Quadros após forte pressão dos militares renunciou no ano de 1961. Na década seguinte, Lacerda participou diretamente do Golpe Militar de 1964 que tirou do poder o então presidente João Goulart acusando-o de ser aliado dos comunistas.

Mesmo com Carlos Lacerda falecido desde 1977, o seu espírito golpista sempre continuou vivo principalmente em alguns setores da política partidária, poder judiciário, elites econômicas e classe média urbana, grande imprensa nacional com seus telejornais, ancoras, jornalistas e comentaristas políticos acadêmicos e não acadêmicos.

Tais setores desenvolveram uma variante de ação golpista que poderíamos chamar de "direita lacerdista". Ela consiste em tentar conquistar os "corações e mentes" da opinião pública, transplantando a lógica da estigmatização da esquerda política para o campo da corrupção. Assim foi visto no ano de 2014 em que a então presidenta Dilma tentaria a sua reeleição (momento este) em que os debates atingiram seu nível mais raso, pois não se tratava mais de debater, mas de esconjurar, de preferência utilizando termos como corrupta, inimiga dos valores tradicionais, dentre outros absurdos machistas, misóginos contra a honra da então ex-presidenta Dilma Rousseff.

Outras cenas claras praticadas pela direita lacerdista, ocorreram durante o processo de impeachment contra a ex-presidenta, com seus vários atores envolvidos. Os principais durante a defesa do golpe foram: os juristas Miguel Reale Júnior e Janaína Paschoal, passando por todos os setores que apoiaram a ruptura democrática como por exemplo, a grande mídia jornalista da TV e escrita que deram cobertura 24 horas para o circo golpista patrocinando pela direita lacerdista (que englobava a classe empresarial/ industrial, do agronegócio, empresários do grande varejo, a classe média urbana, parte da classe artística, dentre outros setores da sociedade civil) que tomaram conta das ruas junto a manifestações comandadas por movimentos reacionários e pseudo-liberais.

O exemplo maior desse circo golpista, pôde ser notado em 11 de abril de 2016 durante a sessão de votação do impeachment na Câmara Federal, momento este que ocorreu um verdadeiro show de horrores protagonizado pela direita lacerdista, envergonhando o Brasil perante todo o planeta.

Alerta as esquerdas!
A direita lacerdista está viva na política nacional. Basta a esquerda chegar ao poder executivo federal, que o lacerdismo entrará em ação. É só a esquerda não atender mais os seus interesses políticos e econômicos ou tentar fazer políticas públicas que beneficiam os mais pobres como a Reforma Agrária, uma Reforma Tributária em que os ricos paguem mais impostos, ou que inclua os mais pobres no orçamento da união distribuindo renda e propondo direitos trabalhistas. A direita lacerdista entrará em ação para golpear a democracia sem dó nem piedade.

- **O Centrão legislativo** é um termo usado para designar os parlamentares que formavam maioria na Assembleia Constituinte que deu origem à atual Constituição, em 1988. Porém, a palavra passou a ser usada novamente para dar nome a algo totalmente diferente. Ele é, basicamente, um grupo formado por 170 a 220 deputados (segundo as estimativas) de diferentes partidos, que se unem para conseguir maior influência no parlamento e defender, de modo conjunto, seus interesses. A maior parte dessas legendas não tem uma atuação ideológica clara (apesar de serem classificadas como de centro e centro-direita em muitas ocasiões) e estão dispostas a negociar apoio ao Executivo em troca de cargos na administração pública.

Por conta disso, o Centrão é associado por muitos à "velha política" e ao fisiologismo, ou seja, a atuação visando ganhos dos partidos e dos políticos, independentemente de ideologias e do interesse público. Com essa "má fama", não é de surpreender que muitos deputados apontados como parte do Centrão não aceitem essa classificação. Muitos se dizem apenas "independentes", isto é, fora da oposição e da base do governo.

Esse seria o papel do Centrão: garantir a governabilidade do Executivo federal e o equilíbrio de forças no Congresso. Teria sido graças a ele que diversos presidentes, de Fernando Henrique Cardoso, Michel Temer a Jair Bolsonaro, conseguiram promover reformas impopulares. Por isso, precisa ser o máximo enfraquecido dentro das casas legislativas, e, para isso ocorrer, somente um povo politizado e consciente do seu papel de cidadão oprimido, podem retirar da cena política esse velho parasita do sistema.

Até aqui foi descrito como as manifestações de junho de 2013 abriram caminho para a extrema-direita chegar ao poder federal em 2019. Vimos também as falhas das esquerdas em não combater com forte mobilização nas ruas e redes sociais, movimentos da direita lacerdista e da extrema-direita para impedir que estes setores reacionários e neofascistas chegassem ao poder.

Por fim foi descrito quem são os inimigos da democracia popular, estes que precisam ser combatidos pelas esquerdas com bastante estratégia e ação, para que saiam da cena política o mais breve possível.

Desafios das esquerdas pós-2018: politizando as massas

Para enfrentar e derrotar o bolsonarismo mais o sistema político/econômico burguês é necessário uma forte resistência nas ruas com os trabalhadores organizados através de uma direção comprometida com suas demandas. É fundamental para manter essa resistência ativa que se invista na preparação política e ideológica dos trabalhadores com clareza sobre os rumos dos acontecimentos da política nacional, pois, sem a concentração de forças, sem estimular o espírito revolucionário nas massas, torna-se difícil, torna-se impossível vencer no campo político, nas ruas, internet ou dentro dos mandatos eletivos.

O objetivo principal na politização das massas é fomentar a tomada de consciência coletiva com educação política (teórica e prática) para que já nas próximas eleições, diminua o quantitativo de representantes das elites burguesas em mandatos eletivos, tanto no executivo quanto no legislativo nacional. Pois somente homens e mulheres politizadas podem fazer uma Revolução dentro do sistema político/econômico burguês para que seja implementada uma verdadeira Democracia Popular no Brasil.

Atualmente mesmo com as esquerdas em crise de representatividade e desorganizadas, não significa que elas estejam perdidas ou não tenham um projeto. Ao contrário, elas têm objetivos. Infelizmente uma parte da esquerda faz uma oposição perdida ao Governo Bolsonaro, é fiel à um sistema político falido e sem respaldo popular, e que insiste em um discurso improdutivo de "defesa da democracia burguesa". Já outra parte das esquerdas tem como foco principal interpelar as massas, transformá-las em atores políticos ativos e conscientes na luta revolucionária ao redor de um projeto socialista e anticapitalista de sociedade, com o objetivo claro de que o jogo somente será vencido com a destruição do sistema político/econômico burguês.

Não se pode cometer o erro de deixar a liderança dessa luta nas mãos da esquerda liberal ou moderada, fazendo alianças junto a burguesia antibolsonaro (numa espécie de frente democrática com a direita lacerdista), caso isso ocorra, as próprias esquerdas, todas, assistirão o colapso completo da sua militância e tudo continuará como sempre foi.

Afirmo com veemência que não dá mais para as esquerdas perderem tempo em alianças com a burguesia nacional, coisa que nunca deu certo na história do Brasil. Nem ficar só nas redes sociais denunciando os absurdos bolsonaristas, se limitando a cumprir o papel de indignados. É hora de união e enfrentamento concreto, pois, se o Bolsonaro não sofrer um processo de impeachment, ele continuará dissolvendo a democracia pelos próximos dois anos, alegando estar lutando contra o sistema. Continuará fidelizando a sua base de 30%, que apoia o colapso ao qual as instituições estão sendo submetidas, sem se preocupar com sua popularidade ou em formar maioria no Congresso Nacional. O objetivo do bolsonarismo e do sistema econômico que o apoia é vender o Brasil, privatizar tudo o que for possível, e acabar com todas as políticas públicas das quais dependem os mais pobres.

Com esse futuro tenebroso pela frente, as esquerdas precisam urgente buscar um caminho concreto para lutar contra os inimigos da Democracia Popular, estes que farão de tudo para chegar e se manterem no poder.

Aqui gostaria de deixar claro: o que vou chamar de '**esquerdas**' a partir daqui é a capacidade de ação de grupos ou de uma pessoa de se rebelarem contra a exploração, a manipulação, e a opressão do Estado Burguês e do Mercado Financeiro contra as massas populares. Pois a esquerda nasceu para ser radical, antissistêmica, anticapitalista e ter postura servidora, sempre colocando em prática ações radicais ou revolucionárias para modificar a realidade oprimida da maioria do povo, o educando para saberem que todas as conquistas econômicas e sociais não serão possíveis sem a massa popular politizada.

Que fique claro, a classe trabalhadora somente se reconhece como ator ativo no processo político quando se reconhece como classe, como uma classe explorada e oprimida pela burguesia. Por isso as esquerdas precisam retomar o discurso antiburguês focado neste secular inimigo do Brasil. Ou seja, a classe trabalhadora precisa entender que todas as mazelas como o desemprego, o trabalho precário, a falta de direitos, má estrutura de saúde e educação pública, falta de moradia digna, o racismo, enfim, todas as opressões contra as minorias são oriundas dos mandos das elites burguesas, e não somente causados por políticos corruptos e seus respectivos partidos. O discurso moralista contra a corrupção precisa ser extinto do repertorio da classe trabalhadora, justamente para não perder o foco do inimigo principal que são as elites burguesas que comandam a política econômica brasileira.

Dicas a militância:

1. Falar claro e ter habilidade para sintetizar as ideias, atraindo as pessoas com objetivos concretos, como por exemplo: debater nas comunidades e sindicatos, comitês de bairro, nas igrejas católicas e evangélicas, nas ruas e praças, frente de presídios com as famílias dos detentos, ou seja, onde aparecer oportunidades de debater sobre a luta de classes, as opressões, questões geopolíticas, economia, solidariedade, questões humanitárias, filosóficas, sociológicas, psicologia das massas, o machismo, homofobia, racismo, doutrinação religiosa, e no caso do Brasil um país patriarcal que possui uma grande quantidade de mulheres, debater o feminismo negro e marxista, principalmente educando homens e mulheres sobre as distorções e falácias do 'feminismo liberal' que está

longe de oferecer uma solução para extinção do modelo patriarcal hierarquizado da sociedade brasileira.

2. Parar com a errônea postura de separar teoria de prática. Ou seja, não se pode criar teorias fazias que "se desmanche no ar". As observações precisam ter base sólida, e isso não tem nada a ver com ser um doutor da academia de humanas. Para legitimar ideias, precisa ser interessado, ler muito, produzir conteúdo e conviver em constante troca de conhecimento com as comunidades mais carentes. Toda fonte teórica e prática além de passar por autores como Marx, Engels, Lenin, Gramsci, Trotsky, Domenico Losurdo, Frantz Fanon, Rosa Luxemburgo, Florestam Fernandes, Herbert Marcuse e muitos outros, também se encontram na sabedoria das populações mais carentes do Brasil.

É fundamental ter a humildade de querer aprender com a sabedoria das massas para que as esquerdas, voltem a ser protagonistas dentro das comunidades carentes.

3. Nunca, jamais, cometer o erro de somente em época de eleição debater política nas ruas, mídias sociais, comunidades, empresas, escolas, universidades, igrejas, etc... Uma esquerda eleitoreira deve ser extinta da vida pública e das bases militantes.

4. Ajudar a desfazer o antiesquerdismo na sociedade brasileira usando as redes sociais através de youtubers com forte poder de comunicação e síntese para refutar falácias dos reacionários de direita e extrema-direita. Precisa-se criar uma verdadeira estratégia de guerra para que as informações sejam compartilhadas o mais rápido possível visando educar o máximo de pessoas. Infelizmente A internet que não foi ocupada por formadores de opinião das esquerdas através das mídias sociais (Facebook, Youtube e Twitter), principalmente a partir de 2013, o que trouxe seus males, pois, deu voz para charlatães da direita lacerdista e extrema-direita com

grande poder de influenciar cidadãos alienados, colaborando com a despolitização e o antiesquerdismo.

5. Pode-se aos poucos derrubar os opressores, basta parar de colaborar com eles. E o caminho é somente um: a união de todos os trabalhadores em constantes Greves de Massa. Para Gramsci, a consciência crítica dos trabalhadores oprimidos é obtida através de uma disputa de hegemonias contrastantes, primeiro no campo da ética, depois no âmbito político, culminando, finalmente, numa elaboração superior de uma concepção do real. Por isso, ele enfatiza a necessidade de se conceber o desenvolvimento político do conceito de hegemonia não apenas como progresso político-prático, mas também um grande progresso filosófico, já que implica e supõe necessariamente uma unidade intelectual e uma ética adequadas a uma concepção do real que superou o senso comum e tornou-se crítica.

Atualmente o grande desafio das esquerdas (moderada, radical e revolucionária) consiste em ressignificar o conceito de 'Greve Geral', por isso é necessário a mudança do nome para `Greve de Massa', conforme Rosa Luxemburgo descreveu em seus estudos, sendo um processo fundamental para a adesão principalmente de trabalhadores não sindicalizados que são aos milhares. Esse processo de desburocratização e mudança na nomenclatura, modificará uma cultura de que somente podem aderir a uma greve quem for sindicalizado. Precisa-se incutir na cabeça de todos os trabalhadores e trabalhadoras que todos têm direito a fazer greve. TODOS! Ou seja, modificando a cultura do medo de fazer greve por achar que tem que estar ligado a algum sindicato. As esquerdas precisam entender que marcar uma data para uma Greve Geral se tornou ineficiente e não causa mais uma grande adesão por parte dos trabalhadores devido ao baixo quantitativo de sindicalizados no Brasil. Pode-se perceber que nas datas que marcam as greves os atos apenas dão uma sensação de adesão, pois em poucos dias, os trabalhadores já se dispersam e a greve perde força. Como disse Rosa Luxemburgo "Greve Geral não se marca, não se convoca nem se propaga, mas sim se constrói". Seguindo essa linha de raciocínio, as esquerdas precisam basear suas ações na educação para a maior consciência dos trabalhadores e trabalhadoras para a construção do objetivo final que são as Greves de Massas.

No atual cenário mundial em que a internet, através das redes sociais ganhou força de eleger e derrubar governos, algumas mudanças comportamentais as militâncias das esquerdas precisam praticar conforme me referi anteriormente, com a politização dos trabalhadores e trabalhadoras para a adesão em Greves de Massa, referindo-me a não mais depender 100% dos movimentos fabris/sindicais como forma de obter apoio para a luta social, política e revolucionária. A Revolução Tecnológica e a globalização reduziram consideravelmente o número de trabalhadores nas fábricas no Brasil, devido o rápido processo de robotização ou desindustrialização.

Com o esvaziamento dos sindicatos, por outro lado cresceu os setores de serviços, no qual a presença sindical é menor. Tudo isso somado a outros fatores, fez das esquerdas brasileiras uma mera coadjuvante do sistema capitalista brasileiro. É aqui que entra a importância de estudar o materialismo histórico de Karl Marx para politizar essa nova classe de trabalhadores dos setores de serviço que estão desprotegidos e alienados prontos para aderir ao discurso punitivista e neoconservador da Direita Lacerdista e Extrema-Direita.

As esquerdas precisam politizar as massas trabalhadoras para uma maior tomada de consciência de sua realidade oprimida para que saibam elaborar mais perguntas e questionar tudo que vier contra o seu interesse de classe, assim melhorar sua postura no confronto das ideias com os reacionários, ter uma posição sólida e intransigente com setores fascistas, racistas, machistas, homofóbicos e autoritários da sociedade brasileira. **Aqui um alerta! As esquerdas não podem abandonar a massa trabalhadora explorada dos setores de serviços, principalmente os motoboys e motoristas de aplicativos, é fundamental uni-los com o compromisso de serem coerentes com o coletivo e com a transformação do Brasil, visando o bem comum e não só o lado pessoal. Ou seja, transformar os trabalhadores dos setores de serviços em agentes revolucionários na luta contra a opressão do sistema burguês.**

É lógico que todo esse esforço politizador das esquerdas com a classe de trabalhadores do setor de serviços dará um enorme trabalho, porém, a luta é constante para que esse processo de politização seja praticado no dia a dia das pessoas, sejam nas ruas, esquinas, praças, coletivos, cooperativas, associações, sindicatos, grupos de WhatsApp, nas redes sociais em geral. O caminho é duro e longo, mas é necessário, pois infelizmente as esquerdas na atualidade cometem um grande erro de resumir a militância política somente às manifestações de rua (estas que estão cada vez mais difíceis de organizarem devido a fragmentação das esquerdas em suas diferentes pautas e demandas somadas a despolitização das massas). Organizar as pessoas para além das manifestações e ocupações é um desafio a ser trabalhado pelas esquerdas, ou seja, o mais importante são as atividades contínuas e frequentes em todos os ambientes da sociedade, pois a tarefa de repolitização em médio e longo prazo é fundamental para destruir os mitos negativos sobre as esquerdas e acabar com o antiesquerdismo na sociedade brasileira.

6. As esquerdas (TODAS) precisam praticar formas mais radicais de ação (entenda radical como ir na raiz dos problemas para modificá-los nas bases do sistema capitalista para lutar contra as injustiças). Por isso é importantíssimo na atual conjuntura brasileira as esquerdas se perguntarem porque ainda existem e para onde vão caminhar.

Vou direto ao ponto: primeiramente no caso dos partidos de esquerda no Brasil, todos precisam extinguir nas esferas políticas as nefastas alianças com a direita lacerdista ou qualquer outro seguimento político que apoiam o corte de direitos dos trabalhadores, a diminuição do estado de bem-estar social, o trabalho escravo, a criminalização de movimentos sociais, sejam das cidades ou do campo, ou outro tipo de violência aos direitos humanos.

É plenamente aceitável o diálogo construtivo com setores liberais e conservadores da política e da sociedade, sempre respeitando aqueles que por religiosidade, sejam católicos ou evangélicos, possuam uma visão de mundo mais tradicional em relação aos costumes, desde que não transformem essa postura conservadora em militância extremista para atacar as minorias, desqualificando-as e prejudicando o debate educativo e inclusivo. Não há mais diálogo com setores reacionários e fascistas da sociedade brasileira que usam do poder religioso e político para atacar os Direitos Humanos.

Não há mais espaço para uma esquerda conciliadora de classes, ou uma esquerda tecnocrata, parasita e carreirista do sistema político. Ou seja, para o "mais do mesmo" não há mais espaço. Esse modelo nunca deu certo e nunca dará. Para as verdadeiras mudanças que o Brasil precisa as esquerdas devem lutar para oferecer a maioria do povo a sua total descolonização intelectual, justiça social que englobe todas as minorias oprimidas, oportunidades de emprego e renda para jovens e adultos, direitos trabalhistas assegurados, educação de qualidade e desenvolvimento humano (saúde, saneamento e moradia digna).

Aqui cabe novamente um alerta para as esquerdas, TODAS precisam se preguntar: o que aconteceu com as utopias depois dos cem anos da Revolução Russa?

Inevitavelmente a resposta precisa vir atrelada a vontade de reinventar caminhos para uma esquerda revigorada, com formas diferentes de fazer política e de governar. É fundamental resgatar os valores de igualdade, solidariedade, liberdade e da ética para conter o avanço de uma sociedade fragmentada, opressora, injusta e excludente.

As esquerdas precisam redefinir seus discursos e assumir novas responsabilidades para compreender o presente e refletir sobre o passado na finalidade de abrir novos caminhos de atuação elaborando uma nova agenda política no presente e para o futuro.

As esquerdas não podem largar de mão sua essência radical nem revolucionária (aqui cabe uma crítica à esquerda moderada que se afastou dessa essência), TODAS precisam voltar a debater com a juventude desde a escola fundamental e média a respeito de suas escolhas profissionais para que não sejam voltadas para o individualismo e sim para uma preocupação com a sociedade e o meio ambiente, pois, infelizmente as motivações dos jovens da atualidade são apenas por vantagens pessoais.

As esquerdas historicamente lutaram por uma educação pública de qualidade, porém erraram quando descreveram o termo "escola e universidade pública", apenas como sinônimos de "gratuita", ou seja, para os jovens da atualidade entrar numa universidade pública tem como o fator gratuito o seu maior motivador e não o fator "bem comum". As esquerdas precisam debater os valores coletivos junto aos professores capacitando-os para educar sobre a importância para a formação de seus alunos visando o bem comum, deixando claro que a universidade por ser gratuita todos precisam retribuir a sociedade que pagou para que aqueles alunos lá estiveram estudando, se pós-graduando, pesquisando, etc...

Precisa-se acabar com essa cultura dominante que "por ser pública" a instituição é apenas sinônimo de gratuita, isso é errado e colabora para a formação de pessoas cada vez mais individualistas que somente vão querer levar vantagens pessoais na vida profissional.

As universidades públicas, precisam ser sinônimos de "bem comum" e não somente de "gratuitas", sendo estes centros de ensino indispensáveis para informar como os processos de transmissão da pobreza entre as gerações refletem nas desigualdades sociais brasileiras.

As esquerdas precisam atuar politizando desde a escola fundamental e média, nas universidades, no âmbito familiar dos alunos e dentro das comunidades que estão inseridos. Não se pode aceitar essa intervenção somente por iniciativas estatais, tem que ser por iniciativas diretas da militância de esquerda, pregando discursos politizados, sempre colocando os conceitos de igualdade e solidariedade como regras fundamentais.

7. Vou bater nessa tecla para virar um mantra: as esquerdas brasileiras não podem mais serem projetos eleitoreiros que aparecem para politizar as massas apenas em épocas de eleição. As esquerdas e seus atores como propagadores de ações educativas precisam mais do que nunca não se limitarem as redes sociais

(onde muitos fazem excelentes trabalhos de informação e conscientização), pois só isso não basta. Todos precisam adentrar as entranhas das comunidades mais carentes para aprender e, viver mais de perto com o povo oprimido. Passar menos tempo na internet ou nos gabinetes refrigerados, as ditas "esquerdas de gabinete" não tem mais espaço na política brasileira, e quem insistir nesse modelo irá fracassar.

As esquerdas precisam preparar a classe trabalhadora para que ela possa disputar, com as suas ideias, todos os espaços da vida social. As esquerdas precisam voltar o trabalho de formação de militantes de base, que abandonou durante os 13 anos de Governo Federal do PT. Infelizmente a luta de massa foi reduzida às eleições, e a formação teórica e revolucionária foram abandonadas.

Por isso, é preciso urgentemente construir uma força popular organizada e inteligente. As esquerdas desaprenderam a fazer trabalho de base, de conscientizar o povo. Que fique claro, eleição é consequência de todo um processo que inicia primeiro educando a massa da população para que não seja vítima fácil dos parasitas do grande capital econômico, principalmente dos charlatões das redes sociais, de programas policiais, e da religião cristã neopentecostal, ambos que usam a televisão e redes sociais para alienar a população.

As esquerdas precisam derrubar muros e construir pontes, ajudando a libertar o indivíduo de uma sociedade opressora, aprisionadora e adestradora. O ser humano, a natureza e os animais precisam ser o foco em tudo e não serem tratados como mercadoria descartável, como é comum no sistema capitalista.

8. As esquerdas na gestão pública, tem que colocar em prática literalmente a máxima "dividir o bolo enquanto ele está crescendo e não somente um dia quem sabe ele estiver grande e pronto". Esse modelo de gestão não poderá permitir em hipótese alguma que seres humanos sobrevivam morando nas ruas, abandonados sem direitos nem proteção social. Acabar com o déficit habitacional nas cidades, bem como oferecer educação escolar básica de qualidade com professores qualificados e bem remunerados, incentivar financeiramente a cultura e o esporte em 100% das escolas e periferias, criando centros de cultura e lazer em benefício das crianças e jovens para poderem praticar seus talentos e criatividade, ou seja, toda essa estrutura de proteção social que visa afastar crianças e jovens do mundo do crime e inseri-los no mercado de trabalho.

Sanear as periferias com esgoto funcional e água saudável, em resumo, precisa-se criar uma cultura coletivista, transformando todos os setores da república, estados e municípios para em médio e longo prazo acabar com as estruturas hierarquizadas, ressignificando todo o sistema para que vivamos numa verdadeira democracia popular. Essa é a regra, destruir o atual Estado Burguês criminoso de cima a baixo e construir o novo modelo mais justo e igualitário. Caso contrário, continuaremos na mesma, mantendo um sistema que atende com maior eficiência as elites econômicas.

9. Devido ao Brasil ainda ser um país racista, outro ponto importante, caso as esquerdas assumam o poder federal, precisam aprimorar mais o Sistema Racial de Cotas Universitárias e outros programas de incentivo educacional aos mais pobres que tem mecanismo fundamental e moral de inclusão da diversidade humana que gerará no futuro uma sociedade com um mercado

de trabalho especializado multirracial, multicultural e consequentemente a diminuição da discriminação e racismo dentro das instituições e empresas, ou seja, ter em cargos de chefia pessoas de variadas raças e etnias é fundamental para o desenvolvimento moral de uma sociedade igualitária.

Como era regra antes das cotas raciais a formação acadêmica era privilégio de brancos da classe média ou rica, principalmente em áreas com medicina, engenharia e direito.

Lembrando que o sistema de cotas raciais no Brasil não beneficia apenas os negros. Nas instituições públicas da Região Norte, por exemplo, é comum a reserva de vagas ou empregos para indígenas e seus descendentes. Essa medida fortaleceu-se ainda mais com a aprovação da lei nº 12.711, de agosto de 2012, conhecida também como Lei de Cotas. Por meio dela, as instituições de ensino superior federais têm até agosto de 2016 para destinarem metade de suas vagas nos processos seletivos para estudantes oriundos de escolas públicas. A distribuição dessas vagas também leva em conta critérios raciais e sociais. Regulamentada pelo Decreto nº 7.824/2012, essa lei propõe 25% das vagas para estudantes oriundos da rede pública com renda igual ou inferior a 1,5 salário mínimo, 25% para candidatos que estudaram integralmente no ensino médio e que possuem renda igual ou superior a 1,5 salário mínimo e, ainda, um percentual para pretos, pardos e indígenas, conforme o último Censo Demográfico do Instituto Brasileiro de Geografia e Estatística (IBGE) na região.[1]

1 https://vestibular.mundoeducacao.bol.uol.com.br/cotas/lei-cotas-entenda-como-funciona.htm

É importante destacar que as políticas verdadeiramente de uma esquerda radical que os governos do Partido dos Trabalhadores com os ex-presidentes Lula e Dilma realizaram em 12 anos no poder federal, foram os programas de cotas raciais, o Prouni (Programa Universidade Para Todos), que oferece bolsas de estudo parciais e integrais em instituições privadas do ensino superior estão entre os mais importantes. O programa faz parte de uma série de ações dos governos dos ex-presidentes Lula e Dilma que revolucionaram e ampliaram as oportunidades para os brasileiros fazerem uma faculdade. Antes um privilégio restrito a poucos, e o tão sonhado diploma universitário passou a ser realidade para milhões de brasileiros que estudam em escolas públicas. O sucesso é claro: o número de matrículas no ensino superior dobrou com passou de 3,5 milhões em 2002 para mais de 7,1 milhões em 2014.

Veja o gráfico abaixo:

Mais vagas para estudantes nas universidades públicas e privadas

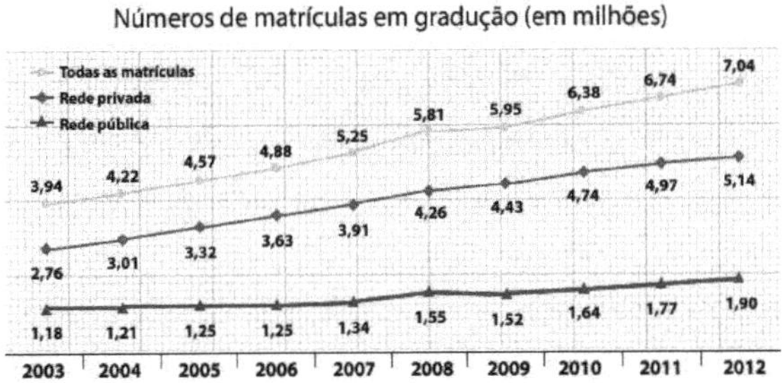

Fonte: INEP/Censup

Além do Prouni, outras ferramentas foram usadas para colocar cada vez mais brasileiros nos bancos das universidades, como, por exemplo, o Enem (Exame Nacional do Ensino Médio), que passou a ser o passaporte de entrada dos jovens no ensino superior por meio do Sistema de Seleção Unificada

(Sisu). Alternativa ao vestibular, o exame democratizou o acesso ao ensino superior: 95% das universidades federais utilizam suas notas como mecanismo de seleção. O Enem é critério também para ingresso no ProUni, acesso ao Fundo de Financiamento Estudantil (Fies) e ao Ciência sem Fronteiras (programa de bolsas para intercâmbio em universidades estrangeiras de ponta).

Verifique os dados no gráfico abaixo:

Criado em 2009, pelo governo Lula, o Sistema de Seleção Unificada é hoje uma das principais formas de acesso à universidade. A cada edição, as instituições públicas de ensino superior que aderem ao Sisu[2] reservam um número de vagas para os participantes do Enem. O candidato faz suas opções de inscrição dentre as vagas ofertadas em qualquer ponto do país. Ao final da etapa de inscrição, o sistema seleciona automaticamente os candidatos mais bem classificados em cada curso, de acordo com

2 https://educacao.uol.com.br/noticias/2010/12/24/durante-governo-lula--expansao-do-acesso-ao-ensino-superior-se-deu-com-apoio-das-particulares.htm

suas notas no Enem. A primeira edição do Sisu teve 51 instituições cadastradas. Em 2014, o número chegou a 155. Antes do Sisu, cada universidade tinha seu próprio vestibular. Era caro e impossível prestar para várias universidades públicas ao mesmo tempo, o que aumentava os custos e restringia o acesso dos mais pobres ao ensino superior gratuito.

Neste mesmo governo Lula, foram construídas novas universidades e mais investimentos foram feitos. Foram construídas 14 novas universidades federais e 126 novos campis universitários. Ao longo de 5 anos de governo Dilma (outro de políticas de centro-esquerda), ainda foram feitas mais quatro universidades e 47 campis universitários. Entre 2003 e 2013, o número de municípios com instituições federais de ensino superior dobrou, de 114 para 237. A expansão ampliou e democratizou o acesso à universidade e está ajudando a combater as desigualdades regionais com uma arma poderosa: o conhecimento.

Verifique as melhorias no gráfico abaixo:

Além disso, o Programa de Apoio a Planos de Reestruturação e Expansão das Universidades Federais (Reuni) ofereceu às universidades um volume inédito de recursos para investir na produção de conhecimento. Em troca, ampliaram o número de vagas e criaram cursos noturnos (para quem trabalha o dia inteiro e só pode estudar à noite), entre outras ações que estão ajudando a reduzir desigualdades sociais históricas.

- Inclusão de verdade

Em minha opinião o que realmente revolucionou o sistema público de ensino no Brasil, foram as cotas raciais. Os críticos diziam que o nível do ensino ia cair, e que os cotistas, incapazes de acompanhar o ritmo dos colegas, acabariam por desistir de tudo. Dez anos depois do início de implantação do sistema de cotas sociais e raciais em universidades públicas, no entanto, provou-se que aconteceu exatamente o contrário, a evasão caiu e a qualidade do ensino cresceu. Deu tão certo que virou lei, sancionada em 2012, pela ex-presidente Dilma. A Lei de Cotas Sociais destina 50% das vagas nas universidades federais para quem cursou integralmente o ensino médio em escolas públicas. Essas vagas serão distribuídas entre negros, pardos e indígenas, de acordo com a composição étnica da população em cada estado.

Antes, ter um diploma universitário era um privilégio concedido a poucos. No Novo Brasil, iniciado com a eleição do ex-presidente Lula, o acesso ao ensino superior se tornou mais amplo e democrático.

Alguns neoconservadores ou neoliberais afirmam que "não

adianta nada investir em ensino superior se não se investe da mesma forma no ensino básico, o que daria igual oportunidade para brancos e negros disputarem uma vaga nas universidades públicas sem precisar de cotas raciais". E citam sempre os Estados Unidos como exemplo de investimento no ensino público básico.

Seguindo o pensamento acima, vamos analisar o caso abaixo:

As cotas raciais são um modelo de ação afirmativa implementas em alguns países para amenizar desigualdades sociais, econômicas e educacionais entre raças. A primeira vez que essa medida foi tomada data de 1960, nos Estados Unidos, para diminuir a desigualdade socioeconômica entre brancos e negros.
Vou pegar como exemplo um caso ocorrido no ano de 1992 em uma das melhores universidades dos EUA a Universidade do Texas (um dos Estados mais conservadores dos Estados Unidos). Quando a estudante Cheryl Hopwood, uma jovem branca, mesmo obtendo nota média suficiente no período escolar e apresentando um exame relativamente bom para a admissão na Universidade do Texas, mesmo assim não conseguiu vaga na universidade. Ao mesmo tempo, em que estudantes negros e descendentes de mexicanos nascidos nos Estados Unidos com notas abaixo da jovem Cheryl Hopwood, foram aprovados na Universidade do Texas. Entendendo que a universidade tinha já implementado uma política de ação afirmativa que privilegiava candidatos das minorias. Ou seja, todos os candidatos pertencentes às minorias no mesmo ano com conceito de notas equivalentes ao de Cheryl Hopwood foram admitidos, mas ela não.

A jovem Hopwood se sentiu injustiçada e levou o caso a justiça federal americana alegando ter sido vítima de discriminação. A universidade se defendeu afirmando que parte da missão da universidade era aumentar a diversidade racial e étnica da carreira do direito no Texas, incluindo não apenas os escritórios de advocacia, mas também o poder legislativo e os tribunais de estado.

Segundo o decano da Faculdade de Direito Michel Sharlot "a lei em uma sociedade depende em grande parte da disposição da sociedade de aceitar seu julgamento, e será mais difícil atingir esse objetivo se não contarmos com o desempenho de membros de todos os grupos na administração da justiça". Ou seja, no Texas, negros e descendentes de mexicanos nascidos nos Estados Unidos, representam 40% da população; apesar disso, representam uma proporção muito menor no exercício da advocacia.

Quando a jovem Hopwood tentou ser admitida, a Faculdade de Direito da Universidade do Texas lançou mão de uma política de ação afirmativa que tinha como objetivo destinar aproximadamente 15% das vagas a alunos provenientes das minorias

Para atingir esse objetivo, a universidade estabeleceu padrões mais baixos para a admissão de candidatos das minorias que para os demais. As autoridades da universidade argumentavam, entretanto, que todos os estudantes das (minorias) admitidos eram qualificados para e quase todos conseguiam se formar e passar no exame da American Bar Association.* Contudo, Hopwood não aceitou, e continuou a acreditar que havia sido injustiçada e que deveria ter sido admitida.

Para conhecimento de todos, há mais de três décadas as cortes dos Estados Unidos vêm lutando contra a indignação dos estudantes que se sentem prejudicados pelo sistema de cotas as minorias.

Os cidadãos que são contra as políticas de cotas as minorias afirmam que essa política viola a garantia da Constituição dos Estados Unidos de que as leis protegerão a todos igualmente.

Eles criticam de duas formas: uma de ordem prática e uma de ordem ideológica:

- A **objeção prática** questiona a eficiência das diretrizes de ação afirmativa. Ela argumenta que o uso do favorecimento racial não tornara uma sociedade mais diversificada ou reduzirá os preconceitos e as desigualdades, mas afetará a autoestima dos estudantes de grupos minoritários e intensificará as tensões raciais e provocará indignação entre os grupos étnicos brancos que pensam que também deveriam merecer oportunidades.

- A **objeção ideológica** parte do princípio de que, por mais que ter uma sala de aula mais diversificada ou uma sociedade mais equânime tenham seu valor, e por mais que as diretrizes da ação afirmativa consigam atingi-lo, utilizar a raça ou a etnia como fator para a admissão é injusto.

Eu vou a partir deste ponto, desconstruir os dois pensamentos acima – objeção prática e objeção ideológica – com outros dois argumentos morais fundamentais para a construção saudável e funcional de uma sociedade mais igualitária, que são:

- O princípio compensatório;
- O princípio da diversidade.

- O princípio compensatório considera a ação afirmativa uma solução para remediar as injustiças do passado. De acordo com esse argumento, alunos pertencentes às minorias devem ter preferência para compensar o histórico de discriminação que os coloca em posição de inferioridade. Esse argumento trata a admissão nas escolas e nos postos de trabalho essencialmente como um benefício para quem o recebe e procura distribuí-lo de forma a compensar as injustiças passadas e suas consequências que ainda persistem. Entretanto, o argumento compensatório dá margem a uma grande contestação: os críticos alegam que os beneficiários não são necessariamente aqueles que sofreram com os erros do passado, e os que acabam pagando pela compensação raramente são os responsáveis pelos erros que estão sendo corrigidos. Ou seja, se a questão for ajudar as pessoas em desvantagem, argumentam os críticos, a ação afirmativa deveria basear-se na classe social, não na raça.

No caso do Brasil o último país do planeta a acabar com a escravidão, e que após a libertação dos negros os abandonou a própria sorte, sem a mínimas garantias de acesso a moradia, a terra para o cultivo, a educação, enfim, sem os mínimos direitos de proteção social. A resposta a essa objeção acima citada pelos críticos das cotas, depende do conceito de responsabilidade coletiva que diz que é responsabilidade humana e de governos éticos, corrigir erros cometidos por uma geração anterior à nossa, é fundamental, pois está ação é baseada na obrigação moral com a coletividade visando a construção de uma sociedade mais justa.

Vamos verificar o argumento da diversidade:

- **O princípio da diversidade** para a ação afirmativa não depende de concepções controversas da responsabilidade coletiva. Tampouco depende de mostrar que os estudantes pertencem à minoria que tenham tido prioridade na admissão tenha sofrido pessoalmente alguma discriminação ou desvantagem. Ela trata a admissão do beneficiário não como uma recompensa, mas como meio de atingir um objetivo socialmente mais importante. O princípio da diversidade se justifica em nome do bem comum, o bem comum da própria faculdade e também da sociedade, em geral. Primeiro defende que um corpo estudantil com diversidade racial permite que os estudantes aprendam mais entre si do que se todos tivessem antecedentes semelhantes. Assim como um corpo discente cujos componentes pertencessem a uma só área do país limitaria o alcance das perspectivas intelectuais e culturais, o mesmo aconteceria com um corpo estudantil que refletisse homogeneidade de raça, etnia e classe social. Em segundo lugar, o argumento da diversidade considera que as minorias deveriam assumir posições de liderança na vida pública e profissional, porque isso viria ao encontro do propósito cívico da universidade e contribuiria para o bem comum.

No caso da Faculdade de direito do Texas a missão é ajudar a aumentar a diversidade da carreira advocatícia no Texas e permitir que negros e hispânicos ocupassem posições de liderança no governo e no sistema judiciário, em geral. Segundo as autoridades da Universidade do Texas "Vemos membros das minorias que se formaram na universidade assumindo cargos superiores, trabalhando em importantes escritórios de advocacia, como membros das Câmaras dos Deputados de Estado do Texas e do país. Existem minorias em importantes cargos no Texas e, em grande parte, são formandos da nossa faculdade".

No Brasil essa realidade dos negros ocupando cargos de chefia em grandes empresas, ou em cargos elevados do judiciário como juízes, desembargadores, ministros de tribunais, advogados, médicos e engenheiros, enfim, intelectuais, em geral, ganhou mais espaço depois da política de cotas raciais criada no governo do ex-presidente Lula. Em que o filho negro do pobre que possivelmente nasceu de pai, mãe e avós analfabetos, pela primeira vez em gerações pode adentrar em uma universidade pública, se formar, se pós-graduar e virar doutor.

As políticas educacionais dos governos dos ex-presidentes do Brasil, Lula e Dilma foram boas, afinal corrigir um problema de séculos de exclusão impostas pelas elites econômicas brancas sobre os mais pobres principalmente o negro, ou seja, mudar essa longa triste realidade em apenas em 13 anos, seria muito difícil. Mas já foi algo que posso apontar com o Programa Bolsa Família, Minha Casa Minha Vida, Mais Médicos, Luz Para Todos, e a Transposição do Rio São Francisco, como efetivas políticas radicais e revolucionárias dos governos de Lula e Dilma do Partido dos Trabalhadores (PT).

10. A criação de mandatos coletivos como estratégia para unir várias frentes de esquerda (indígenas, LGBT´s +, feministas do movimento negro, trabalhador rural, representante dos sem tetos, especialista em redes sociais, ecossocialista etc..), ou seja, perfis que se completam na luta contra as opressões na certeza de que essa bandeira tem que estar interligada com a luta pela preservação do meio ambiente (fauna, flora e os povos da floresta). Tudo isso com princípios, sendo um deles a luta pela transformação radical da sociedade brasileira, uma prática que vai além do processo eleitoral, como o próprio nome diz "mandato coletivo" é regra não existir hierarquia nem culto ao ídolo ou autoridade, sendo um mandato onde todas as lideranças são iguais nas decisões com mentalidade servidora. Por isso todo cuidado deve ser tomado na organização dos mandatos coletivos para traçar o perfil dos envolvidos. Lembrando que o mandato coletivo serve ao povo, é do povo e para o povo, ou seja, o poder vem de fora para dentro das casas legislativas. Os comandos veem dos coletivos, organizações de bairro, centros comunitários, assembleias populares, trazendo a vontade popular para dentro do gabinete do deputado ou deputada eleita e lá será analisado com prioridade e debatido com o povo em geral. O nome disso é democracia representativa com 100% da participação população na forma física e virtual na tomada de decisões, com transparência, a revogabilidade das funções eletivas.

No Mandato Coletivo as reformas políticas e econômicas operariam no sentido do atendimento dos princípios de justiça social, ou seja, garantia dos direitos mais elementares: alimentação, moradia, saúde, educação e trabalho socialmente útil. Nesse modelo, o político se compromete a dividir seu gabinete e mandato com uma rede de pessoas voluntárias, compartilhando sua gestão e votando de acordo com as deliberações desse time. Dessa forma, o representante abre espaço para ações e posicionamentos mais plurais, que tendem a neutralizar interesses particulares. Em um mandato coletivo, como já descrito acima, estão reunidas diversas pessoas com conhecimento e experiência em áreas específicas, pertencentes a diferentes setores sociais e partidos políticos. Sua missão é assumir o compromisso de ser um canal direto de intervenção da sociedade no poder público, de forma a somarem suas capacidades em áreas particulares e contribuírem na criação de projetos e na gestão da governança, agregando ao mandato múltiplas perspectivas e diferentes saberes.

Na prática, a modalidade pode ocorrer de duas formas; reunindo o coletivo de no máximo 5 pessoas em torno de um nome que é efetivamente um pré-candidato, mobilizando votos durante a campanha para esse nome, mas divulgando a ideia da candidatura coletiva; ou durante o mandato, onde o time é formado somente após o político ser eleito. Independentemente do modo como o mandato compartilhado é adotado, apenas um candidato estará registrado na Justiça Eleitoral e será eleito, mesmo que o mandato seja exercido em conjunto, onde todos os participantes serão responsáveis pela gestão.

Vale lembrar que dentro dos espaços institucionais formais, como na Câmara de Vereadores e Deputados por exemplo, é comum haver certa "barganha" entre os políticos para a aprovação de leis. Isso ocorre quando um político promete voto num determinado projeto de lei para que em troca o colega prometa voto no projeto dele, não sendo exatamente uma prática fraudulenta. Na existência de um mandato coletivo compartilhado, esse esquema de transação de votos pode ficar comprometido, já que o político que adotou esse modelo de mandato não pode prometer seu voto em um projeto, pois quem decide seu voto e posicionamento é o grupo como um todo. Dessa forma, o político acaba perdendo força entre os outros parlamentares nesse quesito. O uso da democracia eletrônica é de fundamental importância como forma de aproximar a participação popular aos assuntos públicos e fortalecer a cidadania.

O Mandato Coletivo, não se trata da intervenção de um grupo de pessoas da sociedade civil nas tomadas de decisão de um político eleito, mas sim formação de um time de pessoas com conhecimentos em diversas áreas de atuação que se soma ao gabinete para realizar trabalhos referentes à análise de dados, assessoramento, apoio jurídico e coordenação de comunicação, entre outras funções que um político deve dispor.

Uma vez que o político anuncie sua campanha eleitoral procurando construir um mandato compartilhado, a rede de pessoas que deterão o poder da sua gestão pode ser configurada virtualmente, se inscrevendo num portal divulgado pelo representante. A partir da inscrição é entendido que o cidadão se compromete informal e voluntariamente com o mandato coletivo e a divulgação das ideias que a campanha propõe, devendo cumprir regras e obedecer a posturas. O objetivo é integrar a população nas decisões por meio da internet, disponibilizando sites onde a população possa sugerir e votar em propostas, opinando coletivamente e desenvolvendo maior transparência pública e controle social sobre as promessas da campanha ou durante o mandato.

Essa nova forma de poder tem a missão de destruir o velho modelo burocrático e corrupto burguês que se unem em bancadas reacionárias que trabalham contra o povo mais pobre e as minorias.

11. Educar as massas populares sobre a importância de cobrar do gestor municipal a aplicação da política do Orçamento Participativo. Pois a participação popular direta nas decisões em uma cidade, invertem-se as prioridades, no lugar da vontade dos políticos em atender na maior parte das vezes setores lobistas empresariais, a decisão sobre o que fazer com o dinheiro público passa para uma ação coletiva e democrática, interpondo barreiras às práticas tradicionais, acabando com o famigerado clientelismo na política e florescendo uma nova cultura. Entendendo que ao implementar essa nova cultura, o processo de aprendizado e adesão por parte da população trará resultados positivos a médio e longo prazo. Refiro-me ao protagonismo direto do povo nas transformações sociais enquanto ator direto nas atividades políticas, fiscalizando diretamente, evitando o desperdício e o mau uso do dinheiro público.

Com a aplicação da política de Orçamento Participativo Municipal, diminuirá drasticamente a corrupção entre o município e o setor privado. Assim bate-se de frente com a elite econômica tradicional, acabando com os privilégios, constituindo

um vigoroso impulso na construção de uma nova sociedade.

Para ter essa sociedade cujo as ações do Orçamento Participativo fosse uma regra, seria preciso que a economia fosse mais solidária. Precisaria mudar toda uma cultura elitista burocrática de concentração de decisões, para uma cultura onde os participantes da atividade econômica (empresários e o povo, junto aos prefeitos e vereadores), deveriam cooperar entre si sem competições políticas partidárias nem ideológicas, tudo em nome do bem comum. Pois o mais difícil desta nova cultura é modificar comportamentos do grande empresário brasileiro que ainda não é acostumado a tratar uma parceria público/privada diretamente com o povo organizado em assembleias.

Posso citar o exemplo a política do Orçamento Participativo, aplicada pelo ex-prefeito da cidade de Belém - PA, o Sr. Edmilson Rodrigues (1997 a 2004), na época filiado ao PT e atualmente ocupando o cargo de Deputado Federal pelo Psol. Edmilson assumiu o compromisso de inaugurar uma forma de gestão diferenciada dos governos anteriores. Ao priorizar o Orçamento Participativo propôs romper com a prática histórica de centralização das decisões, situada em ações e planejamentos estritamente burocráticos, bem como nos interesses políticos dos administradores municipais.

Para quem não sabe, Belém é um município dividido pelas águas, uma vez que a ocupação do seu território urbano se construiu entre rios e igarapés. A prática do Orçamento Participativo em Belém foi implementada com o compromisso político de reformular as relações entre população e o poder público, por meio dos seguintes princípios norteadores: a participação popular, a transformação da cultura política local, a democratização do Estado e a inversão de prioridades visando contemplar os segmentos mais vulneráveis da população. A participação popular foi concebida como a "essência do programa de governo da "Frente Belém Popular" no sentido de encaminhar o processo de inversão de prioridades. Foi nesse cenário que o Orçamento Participativo passou a figurar como um instrumento de intermediação na relação entre governo municipal e a população o que possibilitou a descentralização administrativa, criando espaços de interação entre governo municipal e população dos bairros/distritos. Assim, ao se redefinir a divisão administrativa materializava-se um canal de participação popular no processo de gestão da cidade.

A intenção do governo municipal era ampliar o público participante nos debates, de forma a construir um espaço "público não estatal" resultante de um processo de interação produtiva entre o município e sociedade civil, no qual ambos passariam a ser corresponsáveis pelos rumos da cidade.

É nesse sentido que a implementação do Orçamento Participativo deve ser entendida, não só porque invertem as prioridades em favor dos mais pobres e excluídos, mas também porque incentiva a participação popular na gestão dos negócios públicos e conduz à formação de cidadãos capazes de reconhecer nesses princípios o funcionamento da máquina estatal. A gestão participativa deve ser considerada o instrumento democrático do desenvolvimento local com os atores locais envolvidos a responsabilidade sobre a condução das ações concretas, assim como os imprevistos deveriam ser discutidos coletivamente, fortalecendo o sentimento de cooperação e de integração entre os moradores e a administração local, e corroborando para politizar cada vez mais a discussão em torno de uma justiça social para a cidade através da aplicação de uma metodologia participativa.

12. As massas populares precisam saber a importância de uma Reforma Tributária sobre a vida delas, por isso, explicar como funciona o atual sistema tributário brasileiro é de suma importância para a tomada de consciência de classe do povo. Abaixo dados para debater com as massas:

Segundo o economista brasileiro Eduardo Moreira em seu livro "O Que os Donos do Poder Não Querem que Você Saiba", o autor explica como os 5 maiores bancos privados brasileiros são covardes com os seus clientes. Segundo o autor estes bancos cobram anualmente somente de tarifa bancaria de seus clientes mais 130 bilhões de reais (só para ter uma ideia a média do orçamento federal anual brasileiro na área da saúde é de 130 bilhões e da educação é de 110 bilhões). Ou seja, a lógica cruel é: quem tem pouco dinheiro no banco paga tarifa elevada e tem rendimento baixo, e quem tem muito dinheiro no banco para tarifa baixa e rentabilidade elevada. É logico, os maiores prejudicados são os mais pobres e a classe média que são afetados por um sistema de impostos criminoso. Segundo pesquisa da Receita Federal e IPEIA, os ultra-ricos do Brasil, pagam em média de alíquota de imposto de renda de pessoa física (6.9%) um verdadeiro paraíso fiscal para os mais ricos. Segundo o mesmo Eduardo Moreira a ideia do imposto de renda é ser um mecanismo de redistribuição de renda. Não podemos esquecer que as maiores partes dos bilhões que os ricos ganham são oriundas da pobreza do povo brasileiro, o que faz do Brasil o país no mundo que mais concentra riquezas nas mãos de poucas pessoas ou famílias.

Juros do cartão de crédito em América Latina e EUA, abr/19

País		Juros efetivos (%)	Taxas reais (%)	Inflação (%)
1	Brasil	299,45	280,79	4,9
2	Argentina	63,3	4,8	55,8
3	Peru	35,53	32,1	2,59
4	México	34,48	17,45	4,41
5	Chile	26,8	24,3	2
6	Colômbia	26,58	22,6	3,25
7	EUA	17,73	15,4	2

As esquerdas atuando no poder federal (executivo e legislativo), precisam urgentemente colocar em prática ações para que o sistema tributário no Brasil seja mais justo, reparando erros históricos que fazem os mais pobres e a classe média serem os mais explorados na arrecadação de impostos.

É importante destacar que o modelo regressivo de cobrança de imposto no Brasil, prejudica mais os contribuintes de menor poder aquisitivo. A população de baixa renda suporta uma elevada tributação indireta, pois, mais da metade da arrecadação tributária do país advém de impostos cobrados sobre o consumo. Os tributos sobre o consumo (bens e serviços) representam 51%. Considerando-se que a contribuição dos empregadores para a previdência social é um custo que as empresas repassam para ao consumidor, a tributação indireta sobre bens e serviços, na prática, pode representar mais de 60% da carga tributária.

O principal tributo sobre o consumo é o imposto sobre (circulação) de mercadorias e serviços (ICMS), de competência dos Estados que é responsável por 20% da arrecadação tributária, uma peculiaridade do sistema brasileiro, é um tributo regressivo, que onera a população mais pobre. O ICMS responde por 45% dos tributos que incidem sobre os alimentos, com uma alíquota-padrão em torno de 17% e em alguns estados chegam a ser estabelecidas mais de quarenta alíquotas diferentes para esses produtos alimentícios. As alíquotas das operações internas são estabelecidas pelos Estados e uma das principais questões sobre ele diz respeito às inúmeras alíquotas envolvidas e à falta de harmonização da legislação no país. Os tributos indiretos são regressivos, pois, têm uma relação inversa com o nível de renda do contribuinte, prejudicando as pessoas de menor poder aquisitivo. Eles incidem sobre a produção e o consumo de bens e serviços, sendo passíveis de transferência para terceiros, ou seja, para os preços dos produtos. Os consumidores pagam o tributo com a mediação das empresas produtoras ou vendedoras, que são as contribuintes legais. Como o consumo é proporcionalmente decrescente em relação à renda, isso prejudica mais os contribuintes de menor poder aquisitivo.

O empresário brasileiro nutre a ilusão de que recai sobre seus ombros o ônus do tributo, mas na verdade o peso maior do tributo é repassado aos preços para o consumidor. Como o consumo é proporcionalmente decrescente em relação à renda conforme ela aumenta, prejudicando mais os contribuintes pobres e da classe média.

Pelo lado do gasto do Estado, uma parcela considerável da receita pública é destinada para o pagamento dos encargos da dívida pública, que acaba beneficiando as elites rentistas, também privilegiadas pela menor tributação. Outro fator é a insignificante carga tributária sobre o patrimônio, ou seja, os impostos que têm incidência sobre o patrimônio no Brasil apresentam uma arrecadação insignificante, apenas 3,4% do montante arrecadado anualmente. Sem falar no Imposto Territorial Rural (ITR) que poderia ser mais justo para que os grandes proprietários de terra, tenham maior responsabilidade com produtividade da propriedade, e todos os cuidados com o meio ambiente local.

Enquanto países europeus com um forte estado controlando a economia, altas cobranças de impostos com retorno efetivo para a população em políticas sociais, por exemplo, os escandinavos, Dinamarca, Finlândia, Noruega, Suécia. Cujo, taxação de impostos são maiores que no Brasil, as elites econômicas desses países não veem nenhum problema em pagar altas taxas tributarias, pelo contrário, o senso de justiça social, de bem-estar social são regras que partem de cima para baixo, ensinadas desde cedo na escola.

Abaixo demonstrativo da taxa de impostos de cada país comparado com o Brasil:

NO BATENTE

O BRASILEIRO TRABALHA 151 DIAS APENAS PARA PAGAR OS SEUS IMPOSTOS. VEJA O RANKING

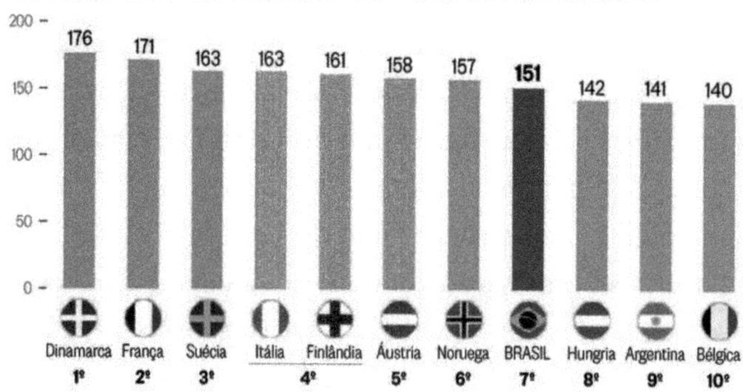

Fonte: Instituto Brasileiro de Planejamento Tributário (IBPT)

Veja o caso da Dinamarca e se pergunte: será que a elite financeira da Dinamarca reclama de pagar mais impostos em benéfico dos menos favorecidos economicamente?

No Brasil ao contrário dos países escandinavos, o retorno em bem-estar e políticas estatais e públicas através dos impostos é medíocre. Fatores como a mal gerenciamento do dinheiro público, somados a corrupção do Estado junto ao setor privado e o mercado financeiro, fazem do Brasil um dos maiores cobradores de impostos do planeta, e com um retorno ínfimo para o povo principalmente os mais pobres. A regra básica para uma nova cultura tributária no Brasil como discurso e prática na frente do poder federal, precisa ser mais justo na taxação dos impostos aplicando políticas diferenciadas de cobrança para ricos e pobres, ou seja, é justo que tem mais dinheiro pagar mais impostos. A construção de uma tributação mais justa no país passa pelo resgate e reafirmação de diversos princípios tributários, já existentes na Constituição Federal brasileira e que nos últimos anos não veem sendo observados. A política tributária não pode conceder tratamento privilegiado à renda dos grandes capitalistas, de forma que todos os rendimentos tributáveis da pessoa física devem ser feitos obrigatoriamente na tabela progressiva do IR e sujeitos ao ajuste anual. Por meio do imposto de renda será possível inverter a regressividade da estrutura tributária brasileira que onera a população de baixa renda, que suporta uma elevada tributação indireta. Além disso, os impostos diretos têm baixa progressividade e incidem fortemente sobre a renda dos trabalhadores da classe média.

Acredito que a maioria do povo brasileiro não sabe, mas, a Constituição de 1988 prevê progressividade na cobrança do imposto sobre propriedade territorial urbana, de competência municipal, mas têm sido estabelecidas alíquotas neutras para ele. Além disso, até hoje não foi regulamentado o imposto sobre grandes fortunas, de competência da União, estabelecido na mesma Constituição de 1988.

O imposto de renda é um instrumento fundamental para redistribuição da renda, garantindo a justiça fiscal e social. As modificações propostas, são passos importantes para a construção de uma estrutura tributária mais progressiva, portanto, mais justa. Com isso, as classes de elevado poder aquisitivo passariam a arcar com o maior ônus tributário, permitindo, na prática uma redistribuição de renda no país e a desoneração da tributação sobre o consumo. A desoneração da tributação sobre bens e serviços seria um forte incentivo aos investimos produtivos, contribuindo para a retomada do crescimento econômico. Os donos do capital financeiro seriam chamados a contribuir com uma maior parcela do financiamento do Estado brasileiro e não simplesmente o seu maior beneficiário. Por outro lado, não haveria tratamento desigual da renda, desde em que todos os rendimentos fossem tributados pela tabela progressiva do imposto de renda, já recuperada de novas alíquotas e maior número de faixas de contribuição. O resultado esperado das propostas apresentadas é uma inversão na distribuição da carga tributária que passaria a ser concentrada em tributos diretos, ou seja, sobre a renda e o patrimônio.

Os brasileiros mais ricos pagam proporcionalmente menos imposto de renda e têm uma parcela muito maior de rendimentos livres da cobrança do tributo. A partir dos dados mais recentes ano de 2017 disponibilizados pela Receita Federal, a base de dados refere-se ao universo de 28 milhões de declarantes do Imposto de Renda Pessoa Física e revela a dimensão da desigualdade de renda no país e diferenças do atual modelo de tributação entre as classes sociais. Os 1,62% mais ricos no Brasil, detém quase metade das isenções de IR. Dos R$ 844 bilhões de rendimentos que ficaram livres da cobrança do tributo no ano de 2017 R$ 390,5 bilhões, ou 46,27% do total, ficaram concentrados nas faixas daqueles com renda acima de R$ 52.800 por mês ou acima de R$ 633,6 mil por ano. Essa elite econômica aproximadamente de 324 mil brasileiros das últimas 5 faixas do topo da pirâmide recebeu 22,7% de toda a renda declarada ao Fisco em 2017, ao passo que o valor de IR cobrado nessas faixas correspondeu por 16,2% da mordida total do tributo. Ou seja, temos no Brasil um sistema no qual o imposto de renda é pouco progressivo e que viola os princípios básicos de isonomia.

Pelas regras atuais, a alíquota do tributo cresce conforme o rendimento aumenta, mas só até certo ponto, uma vez que a tabela progressiva do IR só incide sobre os chamados rendimentos tributáveis e, porque a maior parte dos ganhos dos mais ricos vem de lucros e dividendos, que são isentos de tributação de IR para as pessoas físicas.

Considerando todos os rendimentos, inclusive os isentos, cresce somente até a faixa dos brasileiros com renda mensal entre R$ 26.401 a R$ 35.200, quando chega a uma mordida de 12%.

A partir daí ela entra em trajetória de queda, recuando a 5,86% para quem ganha mais de R$ 281.600 mensais, ou seja, mesma alíquota que incide sobre aqueles com rendimentos entre R$ 6.161 e R$ 8.800 por mês. E isso é um absurdo!

Veja no gráfico abaixo a mordida do Fisco por faixa de renda, alíquota efetiva de imposto de renda, considerando todos os rendimentos e não só os tributáveis, em % conforme pesquisa do Ipea no ano de 2018:

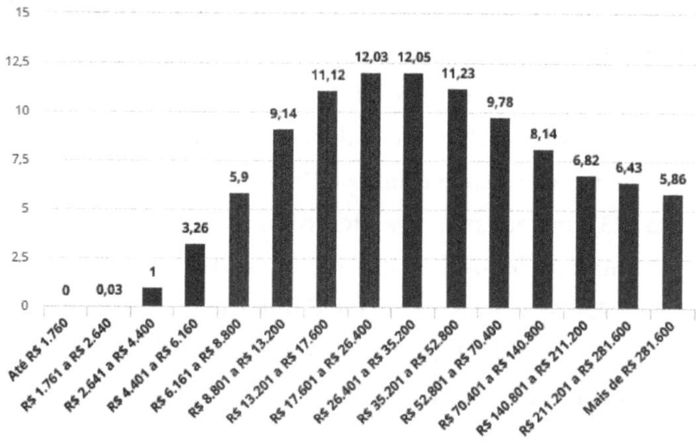

Fonte: Sérgio Gobetti, pesquisador do Ipea

Conforme o gráfico acima, quem é muito rico tem um volume de isenção muito grande no qual não incide o imposto de renda progressivo, uma vez que as alíquotas incidem basicamente sobre a renda do trabalho assalariado, aposentadorias e aluguéis.

Hoje, pela experiência internacional é injustificável que se mantenha isenção total para lucros e dividendos, na maior parte dos países a tributação acontece tanto no âmbito das empresas como para as pessoas físicas.

Por isso que é recorrente "neoliberais do loby" atuando fora e dentro do Congresso Nacional, elegendo pseudopolíticos para atuarem como escudo das grandes empresas na finalidade de bloquear qualquer reforma ou lei que venha causar uma mordida maior do fisco para as elites econômicas.

Lembrando que não são somente os grandes empresários, entretanto, os beneficiários do atual volume de isenções. Tem uma série de títulos financeiros que também são isentos, como letras imobiliárias, e tem isenções da elite do funcionalismo público, como o auxílio-moradia que foi se generalizando e virando uma renda disfarçada.

Alertando que uma Reforma Tributária justa, não se trata apenas de passar a tributar mais os mais ricos, mas de tornar o sistema mais neutro e eficiente. No Brasil, tributa-se muito as empresas e pouco a renda, sobretudo a do capital. O ideal do ponto de vista de tributação ótima é que as várias fontes de renda, quer seja do trabalho ou do capital, sejam tributadas por alíquotas parecidas paras pessoas da mesma faixa de renda.

Tanto do ponto de vista de quem valoriza a questão da justiça social e uma menor desigualdade, como também de quem entende a importância de um sistema tributário mais neutro e eficiente, e necessário discutir mudanças, e isso tem que ser o foco de ação de todos os políticos das esquerdas, ou seja, transformar o Estado Brasileiro em um país mais justo economicamente, principalmente para os mais pobres e para a classe média.

13. Para uma maior tomada de consciência, principalmente do senso comum e dos reacionários de direita que criminalizam as ações do Movimento dos Trabalhadores Rurais Sem Terra -

MST, debater com dados históricos na sociedade a importância da Reforma Agrária, conforme descrito abaixo:

Em 13 de maio de 1888, há 132 anos, o Senado do Império do Brasil aprovava uma das leis mais importantes da história, a Lei Áurea, que extinguiu a escravidão. Não era apenas a liberdade que estava em jogo, diz o historiador Luiz Felipe de Alencastro, um dos maiores pesquisadores da escravidão no Brasil. Existia outro tema na mesa, a Reforma Agrária.

O debate sobre a repartição das terras nacionais havia sido proposto pelo abolicionista André Rebouças, engenheiro negro de grande prestígio. Sua ideia era criar um imposto sobre fazendas improdutivas e distribuir as terras para ex-escravos. O político Joaquim Nabuco, também abolicionista, apoiou a ideia. Já fazendeiros, republicanos e mesmo abolicionistas mais moderados foram contra.

"A maior parte do movimento republicano fechou com os latifundiários para não mexer na propriedade rural", diz Alencastro. Foi aí que veio a aprovação da Lei Áurea, sem nenhuma compensação ou alternativa para os libertos se inserirem no novo Brasil livre. "No final, a ideia de Reforma Agrária capotou."

Vamos relembrar um pouco a história: o Brasil foi o último país a abolir a escravidão porque foi o que mais importou africanos, 46% de todos que foram trazidos coercitivamente para as Américas. Um volume assombroso cerca de 4,8 milhões de africanos aportaram como escravos no Brasil, chegando aqui acorrentados, considerados como uma propriedade privada.

Entendemos aqui que no Brasil, a escravidão não era como nos Estados Unidos. Lá, a escravidão era regional, no Sul. No restante do país, havia uma economia agrícola independente e movimentos abolicionistas. Já no Brasil a escravidão era nacional, no país inteiro. Por isso, o abolicionismo não tinha como crescer em regiões circunvizinhas às zonas escravistas. Nos EUA o norte do país, não escravista, elegeu Abraham Lincoln, do partido republicano, e que era contrário à expansão do escravismo nos novos territórios dos EUA e buscava uma solução negociada para extingui-lo nos estados onde ele existia. Isso causou a ruptura dos estados sulistas com a União. Ocorreu então uma guerra civil para acabar com a escravidão, uma guerra sangrenta, que traumatiza até hoje o país. Aqui não existia nenhuma parte do território em que a escravidão fosse ilegal. Então, mesmo que houvesse 60 escravos no Amazonas na mão de alguns senhores, esse grupo fechava com o partido escravocrata no Parlamento brasileiro e havia uma espécie de união nacional em torno do tráfico negreiro e da escravidão.

As grandes transformações para o fim da escravidão no Brasil ocorreram sem participação popular, pelas mãos da elite política e econômica. José Bonifácio de Andrada, que era uma espécie de primeiro-ministro, logo depois da independência do Brasil, mandou um projeto para a Assembleia Constituinte, prevendo a abolição progressiva do tráfico e da escravidão. Já naquele momento, a classe dirigente, o corpo da administração imperial tinha perfeita noção de que manter o tráfico de escravos criaria um impasse, por que a Inglaterra deixara claro que só reconheceria a independência se o Brasil acabasse com o tráfico, e o governo inglês, nessa época, tinha uma importância enorme. Era como se fosse a ONU (porque garantia o reconhecimento diplomático internacional), o FMI (porque emprestava dinheiro para o governo brasileiro) e a OIT (porque vetava a importação de africanos, mão-de-obra essencial no Brasil).

No Brasil o abolicionismo se acentuou na década de 1880. Luís Gama, André Rebouças, José do Patrocínio, que se batiam nos tribunais e nos jornais para acabar com a escravidão. Também muita gente anônima participou, e houve movimentos organizados para dar fuga a escravos, por exemplo, em São Paulo, havia o grupo do Antônio Bento conhecido como os Caifazes. Havia um grupo em Recife, que ajudava os escravos a fugirem para o Ceará, onde a maioria dos municípios já não tinha mais escravos desde 1884 e onde os escravocratas eram minoritários. Já o Rio de Janeiro era a província onde o escravismo era mais renitente. Em São Paulo, o oeste do Estado já estava apostando na imigração porque havia muita fuga, e a fuga é uma forma de revolta, dos escravos comprados no Nordeste. Essas ações acentuaram a crise do escravismo.

É importante lembrar que a Reforma Agrária não estava na pauta da maioria dos abolicionistas. Foi uma radicalização de uma parte minoritária. André Rebouças, um engenheiro negro com muito prestígio, tinha um programa para criar um imposto territorial sobre as fazendas improdutivas e fundar cooperativas de pequenos camponeses. Nabuco, nos anos 1880, foi porta-voz dessas reinvindicações. Mas no final, a ideia de Reforma Agrária não deu certo. A maior parte do movimento republicano fechou com os latifundiários para trazer imigrantes europeus que trabalhassem nas fazendas e não mexer na propriedade rural. Essa virada dos republicanos jogou Nabuco, Rebouças e outros no escanteio e os fez apoiar a monarquia até o fim.

Na sequência da abolição, a mão de obra imigrante vai aumentando. Muitos ex-escravos ficam fora do mercado de trabalho na zona rural e, em parte, nas cidades. Mesmo sendo brasileiros, os ex-escravos não tiveram cidadania plena, porque a sua quase totalidade era analfabeta, e o voto do analfabeto foi proibido em 1882, ainda no Império. Este ferrolho para excluir os negros livres e os ex-escravos também atingiu os brancos pobres e analfabetos, como é óbvio. Até 1985, quando o voto deles foi permitido.

Para quem não sabe o Brasil sempre teve uma das taxas mais elevadas de concentração de renda e propriedade fundiária do planeta, o que aprofunda muito as contradições entre riqueza e pobreza. As marcas profundas desta desigualdade se intensificam com as articulações do capital monopolista, que vai se revelando com o alto índice de centralização da riqueza socialmente produzida. Um país em que a expropriação e saque das terras, a expulsão dos camponeses, em boa parte índios e negros, foi configurando a forma como o atuou na construção sócio histórica do Brasil, com uma raiz colonial escravocrata, que revela um passado-presente cruéis de dominação do capitalismo sobre o campo, tendo na apropriação da terra e das riquezas ambientais uma prática nefasta que é responsável por inúmeras tragédias humanas e sociais.

As esquerdas são os principais atores mobilizadores deste embate junto aos movimentos ligados a terra que precisam resistir contra as perversas investidas do capitalismo monopolista por meio da fusão do capital bancário, industrial e agrário representados por empresas transnacionais do agronegócio, hidronegócio e minério negócio.

É de suma importância que a luta vitoriosa dos trabalhadores do campo exija da parte de todos os partidos de esquerda um esforço para despertar também entre o proletariado industrial e os caminhoneiros, o sentimento da necessidade de sacrifícios para bater de frente com a exploração burguesa para consolidar o poder proletário na cidade no campo, coisa absolutamente necessária que significa que todas as forças precisam se organizar para conduzir os trabalhadores explorados. As esquerdas precisam orientar as massas trabalhadoras exploradas do campo que precisam se unir com os operários das fábricas, setores de serviço e caminhoneiros. A luta contra os exploradores precisa de união, se não for assim, o proletariado agrário não dará conta de bater de frente com o Estado opressor e a pequena elite escravista agraria detentora da maior parte das terras produtivas e improdutivas do Brasil. Elites estas que comandam a grande mídia televisiva, rádio e escrita, setores estes, que sempre foram contra a Reforma Agrária.

Preciso deixar claro que também é obrigação do Estado, fornecer os meios necessários para que a realização e concretização da Reforma Agrária, pois ela tem que vir atrelada a políticas de moradia, saneamento básico, fácil acesso à educação escolar e saúde pública de qualidade, visando garantir todos os direitos a população, promovendo políticas públicas que ofereçam ao homem do campo segurança alimentar com qualidade de vida dignas aos homens, mulheres, jovens e crianças. Uma democracia precisa defender a soberania nacional/popular, de forma que todas as riquezas naturais, minerais, os recursos da biodiversidade, a água e os recursos de produção alimentar sejam preservados, juntamente com a vida humana.

Um ponto importante na proposta de Reforma Agrária é a estipulação por lei de um limite territorial máximo para todas as propriedades rurais de acordo com a escala de produção e o atendimento de demandas que a terra proporciona. Isso seria uma forma de estabelecer um limite racional para o uso social e justo da terra, evitando assim o acumulo de milhares de hectares improdutivos que ainda são muitos no Brasil.

14. Sobre a importância de debater com as massas a importância de uma Reforma Política. Abaixo, propostas para ser debatida com as esquerdas no legislativo:

• Financiamento das campanhas eleitorais seja exclusivamente público através do Superior Tribunal Eleitoral - TSE que garantirá a divisão equitativa do recurso financeiro e tempo destinado à propaganda eleitoral gratuita, nos processos eleitorais com os partidos políticos devidamente registrados junto ao TSE.

Em primeiro lugar, considero que dinheiro público deve ser investido em saúde e educação, cultura, moradia, transporte, infraestrutura, segurança, etc. E não para financiar campanhas e partidos políticos. Por isso é necessário, ESTATIZAR o sistema eleitoral, ou seja, ao invés de dar dinheiro para candidatos e partidos, os recursos serão repassados para os Tribunais Eleitorais que fariam uma padronização do modelo de campanha (o que envolveria estúdio de gravação de áudio e vídeo, enfim, toda estrutura necessária para fazer uma campanha barata e eficiente para os candidatos).

Em resumo, os recursos financeiros administrados pelo Superior Tribunal Eleitoral, daria a população mais transparência e segurança sobre a aplicação correta do dinheiro. Afinal com o avanço das redes sociais, cada candidato pode usar delas para fazer sua campanha 24 horas do dia se quiserem;

• Introdução do referendo e do plebiscito como forma de participação e controle dos eleitores sobre o processo político, com regulamentação do preceito constitucional que os institui;

• Facilitação para a apresentação de projetos de leis de iniciativa popular;

O Autor deste livro considera que os temas abaixo são de fundamental importância para tornar o sistema político do Brasil mais justo e eficiente:

a) Unificação do prazo de mandatos entre Senadores e Deputados em 05 anos;

b) Extinção da reeleição para Deputados e Senadores;

c) Diminuição do quantitativo de Deputados Federais de 513 para 313;

d) Candidaturas avulsas;

Sem dúvida, devemos aprofundar a discussão sobre a Reforma Política, levando sempre em consideração os interesses da classe trabalhadora. Ao mesmo tempo, compreender que a única forma de conquistarmos um Estado verdadeiramente democrático passa necessariamente pela construção de um Estado sob o controle democrático dos trabalhadores. Um Estado que os representantes eleitos tenham mandatos revogáveis a qualquer momento por aqueles que o elegeram, que o salário dos que participam da administração do Estado sejam mais equiparados com a realidade econômica da sociedade brasileira, bem como verbas de gabinete e outros privilégios sejam reduzidos ao máximo possível. Enfim, só com uma esquerda legislativa (radical ou revolucionária) criando e aprovando leis, será possível que o sistema político brasileiro sirva 100% o povo e não os interesses de políticos desonestos e da burguesia.

15. Um indivíduo de esquerda precisa promover a cultura do cuidado com a humanidade, com a fauna, flora e os povos da floresta. Fazer críticas ao atual modelo de desenvolvimento do capitalismo industrial, particularmente dos modelos neoliberais baseados no consumismo irresponsável que se não for controlado, conduzirá a humanidade a uma catástrofe ecológica sem precedentes.

16. REGRA FUNDAMENTAL DAS ESQUERDAS: NÃO SE PODE DESENVOLVER A ECONOMIA SEM DESENVOLVER JUNTAMENTE O SER HUMANO ATOR PRINCIPAL DA SOCIEDADE BRASILEIRA. Melhorias na economia precisam refletir diretamente no IDH – Índice de Desenvolvimento Humano de Estados e Municípios Brasileiros.

Mitos sobre o socialismo e comunismo que prejudicam as esquerdas brasileiras

Parafraseando Karl Marx:
"Proletários de todos os países, uni-vos contra as Fake News"

Segundo pesquisa elaborada no ano de 2018 pelo instituto britânico Ipsos Mori, o Brasil ficou em quinto lugar na nova edição do ranking que mede o quanto os países têm noção equivocada sobre a própria realidade, chamada "Os Perigos da Percepção". O estudo foi realizado em 37 países e se baseia em entrevistas com pessoas em cada um deles sobre o que elas acham sobre a realidade em que vivem. Quanto maior a diferença entre percepção e realidade, maior a "ignorância" da população, por isso o ranking geral foi chamado originalmente de "índice de ignorância". Em 2017, o Brasil aparecia como o segundo país com menos noção sobre a própria realidade, atrás apenas da África do Sul. Em 2018 o foco das perguntas tratou sobre temas relacionados à formação da população, imigração, segurança, criminalidade, comportamento sexual, violência sexual, saúde, economia, ambiente e outros temas, e foi verificado que o Brasil ficou atrás de Tailândia, México, Turquia e Malásia. Os lugares em que a população tem uma maior noção sobre a realidade em que vivem são Hong Kong, Nova Zelândia, Suécia, Hungria e Reino Unido.

Essa falta de noção dos brasileiros sobre a própria realidade pode afetar até mesmo o funcionamento da democracia, segundo o ex-diretor de pesquisas do Ipsos, Bobby Duffy, autor do livro "The Perils of Perception: Why we're wrong about nearly everything" (Os perigos da percepção: Por que estamos errados sobre praticamente tudo). Ele também explicou que o problema não é exatamente "ignorância", como dizia a pesquisa originalmente, mas o fato de que as pessoas acreditam ativamente em coisas factualmente erradas, tendo uma percepção equivocada da realidade (chamada "misperception" em inglês). Segundo o livro, é possível ver uma correlação entre o nível de certeza que a pessoa tem sobre sua avaliação e o de percepção equivocada da realidade. Quanto mais certa a pessoa pensa que está sobre um determinado tema, mais alta a chance de ela estar errada, ou seja, a questão não é falta de conhecimento, mas que elas pensam que estão certas, mesmo que não estejam. Percepções erradas são mais difíceis de lidar do que ignorância. Quando as pessoas não têm conhecimento sobre algo, elas podem ser ensinadas. É mais difícil convencer pessoas que julgam que sabem algo que, na verdade, está errado. Mudar a percepção das pessoas é mais difícil. Veja o gráfico abaixo sobre a pesquisa realizada em 2018:

No início de 2018 o Banco Mundial lançou uma pesquisa apontando que os estudantes brasileiros demorarão mais de 260 anos para atingir a qualidade de leitura de países desenvolvidos. O quadro desanimador aponta um risco para o pensamento crítico dos estudantes brasileiros, pois a leitura estimula a reflexão e a interação entre ideias que fomentam discussões proveitosas para o desenvolvimento do conhecimento. Quanto menos a leitura for estimulada, menor será o pensamento crítico dos jovens no ambiente social.

O grande obstáculo para a leitura, segundo os próprios leitores, é a falta de tempo. Para 43% dos leitores a falta de tempo se torna um grande inimigo. Aliado a isso, tem-se o problema do desinteresse por parte dos não leitores. Por esses dois principais motivos, faz-se necessária a construção de uma leitura interessante e de fácil acesso a todas as camadas sociais.

A única resposta possível a isso é incentivar massivamente a leitura, porém não de maneira forçosa. A leitura deve ser incentivada de forma gradual. Começando com obras mais simples, porém com conteúdo relevante, para que assim os novos leitores consigam desenvolver de maneira mais relevante seu pensamento crítico.

Infelizmente a prática da leitura não está presente entre os brasileiros. Uma prova disso são os dados da pesquisa Retratos da Leitura do Instituto Pró-Livro em 2018[1]. De acordo com o levantamento, 44% da população não lê e 30% nunca comprou um livro. Isso reflete o baixo incentivo à leitura que os brasileiros têm dentro de casa, por meio dos pais ou responsáveis. E também tem

1 http://edicaodobrasil.com.br/2018/10/26/44-da-populacao-brasileira-nao-pratica-o-habito-da-leitura/

uma questão que o próprio sistema de ensino não propicia o hábito da leitura. O livro na escola é sempre encarado como objeto apenas para fazer uma prova e tirar nota. A relação do estudante com o livro é ruim. Eles leem não por prazer ou vontade, mas porque o colégio exigiu. E isso é uma coisa que acompanha o aluno até o vestibular e causa reflexos na vida adulta.

Hoje estamos vivendo, por exemplo, o problema das Fake News e visto verdadeiras barbaridades compartilhadas pelas redes sociais. As pessoas não têm se interessado em se aprofundarem nos assuntos, pois não leem. Também temos um enorme contingente de leitores analfabetos, que são aqueles que sabem ler, mas não conseguem interpretar o conteúdo, acabando por replicar essas notícias falsas.

E essa carência referente ao hábito da leitura, implica diretamente sobre a precária politização do povo brasileiro, que piorou com o aparecimento das redes sociais (Facebook, WhatsApp, Twitter e Youtube) que usadas de forma errada por pessoas com baixo pensamento crítico, as fazem compartilhar Fake News principalmente contra as esquerdas que são muito prejudicadas, vítimas de correntes neoconservadoras ou neoliberais que usam as redes sociais de forma tendenciosa para desinformar as pessoas.

Atualmente com o avanço da internet ficou mais claro que a ausência de pluralidade de informações e opiniões na grande imprensa, gera seres humanos facilmente influenciáveis, manipuláveis e incapazes de pensar por si mesmos.

Para entender melhor como pessoas com baixo nível intelectual ou despolitizadas são facilmente influenciadas por notícias falsas e as reproduzem como verdade absoluta. Vamos a uma breve história, ocorrida na década de 1990, na cidade de Pittsburgh nos Estados Unidos.

Vamos ao caso:

Em meados da década de 1990, um habitante de 44 anos na cidade de Pittsburgh nos Estados Unidos, roubou dois bancos em sua cidade em plena luz do dia, sem nenhum traje ou máscara para cobrir seu rosto. Quando preso o ladrão McArthur Wheeler confessou que tinha aplicado suco de limão em seu rosto, na crença de que o suco o tornaria invisível para as câmeras, o mesmo disse "eu não entendo, usei o suco de limão", falou em soluços no momento de sua prisão. Mais tarde, soube-se que a ideia sem precedentes do suco era uma sugestão que dois amigos de Wheeler, que haviam comentado com ele dias antes do assalto.

Pois bem!

Meses depois, o professor de psicologia social na Universidade de Cornell, David Dunning, não conseguia acreditar na história do desastrado ladrão Wheeler e do suco de limão. Intrigado pelo caso, especialmente pela incompetência exibida pelo criminoso frustrado, o psicólogo Dunning se propôs a realizar uma investigação com uma hipótese anterior: poderia ser possível que minha própria incompetência me deixasse inconsciente dessa mesma incompetência?

Para realizar o estudo que elucidou se a hipótese era verdadeira, o psicólogo Dunning escolheu um de seus alunos brilhantes, o jovem Justin Kruger para ajudar na pesquisa com o objetivo de encontrar dados que confirmariam ou refutariam a ideia. O que eles acharam os deixou ainda mais surpresos:

A investigação

Um total de quatro investigações diferentes foram realizadas, tendo como amostra os alunos da Faculdade de Psicologia da Universidade de Cornell. A competência dos sujeitos nas áreas de gramática, raciocínio lógico e humor (que pode ser definido como a capacidade de achar algo engraçado) foram estudados. Os participantes do estudo foram questionados, um por um, sobre como estimavam seu grau de competência em cada um dos campos nomeados. Mais tarde, eles foram convidados a responder uma prova escrita para verificar suas reais competências em cada uma das áreas. Todos os dados foram coletados e os resultados foram comparados, para observar se algum indicador de correlação foi encontrado. Os investigadores perceberam que quanto maior a incompetência do sujeito, menos consciente ele era dela.

O psicólogo Dunning e seu colaborador Kruger tornaram públicos os resultados e as conclusões do seu interessante estudo e os resultados lançados em um artigo científico foram resumidos em uma série de conclusões. Para certas competências ou em relação a uma certa área de conhecimento, pessoas incompetentes:

1- São incapazes de reconhecer sua própria incompetência;

2- Tendem a não reconhecer a competência de outras pessoas;

3- Não são capazes de tomar consciência de quão incompetentes são em uma área;

4- Se forem treinados para aumentar sua competência, serão capazes de reconhecer e aceitar sua incompetência anterior;

5- Quanto mais ignorantes mais se percebem inteligentes.

Pessoas ignorantes precisam entender que:

1- O primeiro atributo necessário à pessoa que busca um conhecimento honesto sobre qualquer assunto é a humildade de reconhecer a própria ignorância;

2- Admitir a existência de pessoas, pensadores e cientistas que se debruçaram sobre o tema e, a partir de uma reflexão profunda, produziram conhecimentos históricos documentados sobre os temas, publicando artigos em renomadas revistas científicas, escrevendo livros;

3- Aceitar os ensinamentos desses pensadores para, a partir deles, construir uma identidade intelectual própria sobre a matéria.

Em minha opinião, é perfeitamente aceitável questionar o trabalho intelectual de alguém, todavia exigindo-se, primeiro, o conhecimento profundo da obra do referido autor para ser criticada ou refutada. O "achismo", nesse campo, é inadmissível. A palavra-chave aqui é humildade, sem ela, vence a soberba e prevalece a ignorância, possivelmente decorrente da síndrome de superioridade intelectual ilusória. Grosseiramente falando, trata-se do idiota ignorante que pensa saber mais do que o estudioso que domina o assunto. Idiota esse cegado por essa superioridade ilusória, e inapto para identificar os limites da própria inabilidade, reconhecer e admitir a maior habilidade alheia. Isso ocorre justamente porque o iludido não possui as ferramentas intelectuais necessárias à constatação da própria incompetência e à identificação do que é competência real quando a vê no outro. Infelizmente, não há cura externa ao iludido, que somente será capaz de admitir sua inabilidade após, e se, adquirir o conhecimento do qual carecia, o que depende de um esforço enorme. Caso contrário, morrerá reafirmando a própria idiotice.

Talvez seja verdade que exista um predomínio do pensamento de esquerda entre os acadêmicos das ciências humanas, mais propensos a idealizar uma sociedade mais justa e menos desigual. Isso, todavia, longe de ser repelido com violência leviana, pois deveria ser motivo de reflexão por parte daquele que sinceramente admitisse não possuir os mesmos atributos de conhecimento sobre as esquerdas, socialismo ou comunismo. Resumindo: a "humildade de saber que nada sabe", e caso queiram refutar, polemizar ou "mitar" nos debates públicos ou nas redes sociais contra as esquerdas, que estudem bastante e sejam honestos intelectualmente para assim colaborar de forma efetiva para o aprendizado de todos.

Antes de aprofundar o tema sobre os Mitos e Verdades Sobre o socialismo e comunismo que prejudicam as esquerdas brasileiras, irei relacionar abaixo o que não é socialismo:

1- Não é cobrar imposto mais elevado dos mais ricos;

2- Não são todas as empresas comandadas pelo Estado;

3- Não é uma sociedade autônoma;

4- Não é uma sociedade comandada por sindicatos ou cooperativas;

5- Não é um sistema comandado pela economia solidária;

6- Não é redistribuição de renda dos mais ricos para os mais pobres;

Dito isso, vamos ao que interessa:

1. "O socialismo e o comunismo nunca deram certo"

Você já deve ter visto vídeos ou lido livros de teóricos das esquerdas afirmando que "o comunismo segundo a teoria de

Karl Marx e Friedrich Engels nunca existiu, pois, as obras de ambos são pautadas na luta dos trabalhadores, a tomada do poder político e dos meios de produção que antes eram privados. E países como a União Soviética, Cuba e China não podem ser considerados comunistas, devido (nestes países) os meios de produção nunca foram controlados 100% pelos trabalhadores nem ocorreu a extinção do Estado".

A afirmação acima apesar de que dentro da teoria de Marx e Engels encontra respaldo, em minha opinião é insuficiente pois descaracteriza e desvaloriza a luta de muitos povos e seus revolucionários que na história das experiências socialistas do século XX lutaram, foram presos e deram suas vidas por uma causa tão nobre que foi a luta dos trabalhadores por melhores condições de vida.

Por exemplo, no socialismo o Estado continua existindo controlando a economia com ações voltadas contra a exploração dos trabalhadores pelo grande capital, qualificando as pessoas para o mercado de trabalho especializado, extinguindo o trabalho precário. São políticas prioritárias aquelas que dão proteção social como o acesso ao sistema de saúde, educação e moradias, tudo gratuito, ou seja, o foco será sempre nas ações estatais voltadas para a igualdade social e econômicas.

Pois, tudo que foi descrito acima, aconteceu nas experiências socialistas do século XX em países como a União Soviética com a Revolução de 1917, na Revolução Chinesa de 1949, no pós-Guerra da Coreia (1950-1953) onde a República Popular da Coreia (Coreia do Norte) se livrou do domínio japonês e do imperialismo norte-americano. Ocorreu também em Cuba com a Revolução de 1959 que retirou do poder um ditador comandado pelos Estados Unidos, dentre outras experiências socialistas ocorridas no século XX que serão descritas neste tópico.

União Soviética

A Revolução Russa de 1917 liderada por Vladmir Lenin salvou o povo russo do cruel regime czarista feudal, onde a população era em sua grande maioria analfabeta, faminta, desempregada e pobre. Ocorreram diversas outras conquistas sociais como o Direitos das Mulheres já no primeiro ano, pois a Revolução Russa defendeu a igualdade de todos e concedeu as mulheres o direito ao voto. A Grã-Bretanha e a Alemanha legalizaram em 1918, e os EUA em 1920, outros logo tomariam o mesmo caminho. A França foi a única potência que não reconheceria esse direito até 1944.

A Legislação Trabalhista se temos hoje uma semana de 5 dias de trabalho, férias pagas de 2 a 4 semanas, licença maternidade, assistência de saúde, além de equipamentos de segurança para os operários, etc. tudo isso foi conquistado pelos revolucionários na URSS a partir de 1917.

Com as políticas sociais de Stalin o povo foi alfabetizado, passou a ter emprego, pela primeira vez os pobres tiveram acesso à educação, saúde e habitação de qualidade, algo antes inimaginável para o pobre russo. O país experimentou um florescimento científico gigantesco, transformando a Rússia em uma grande potência militar. A siderurgia e o transporte ferroviário tiveram um desenvolvimento acelerado, fazendo do país também uma grande potência energética, industrial e agrícola. Tudo isso contribuiu com que o país crescesse e se tornasse um exportador de grãos.

Durante a Segunda Guerra Mundial, a URSS teve papel fundamental na vitória contra o nazismo. Foi o Exército Vermelho a principal força de oposição responsável pela queda do nazi-fascismo em 1945. A verdade é que, se hoje o mundo não fala alemão, a escravidão racial aberta não é praticada, e a barbárie colonialista tanto pela Ásia quanto pela África sofreu duros golpes, devemos agradecer à União Soviética, ao seu povo, o Exército Vermelho, o Partido Comunista da União Soviética e seu líder Josef Stálin.

Após a Segunda Guerra, a URSS continuou seu avanço para a era das usinas nucleares. Transformou-se numa superpotência global, conquistando o cosmos enviando o primeiro homem e a primeira mulher ao espaço sideral.

Depois de todos os ganhos citados acima, afirmar que a experiência socialista na União Soviética não foi válida, é de uma desonestidade intelectual sem tamanho.

Cuba

Na área da saúde uma das primeiras medidas adotadas pelo governo depois de declarado o caráter socialista da revolução de 1959 foi a instituição da Lei 959/1961, que criou o Ministério da Saúde Pública e definiu novas funções e objetivos para os diversos órgãos estatais relacionados à área da saúde. Foi a partir desse momento que os serviços médicos começaram a ser oferecidos à população cubana sem o obrigatório intercâmbio monetário, que desapareceu apenas em 1969, quando se extinguiu completamente o setor privado de serviços de saúde no país. Cuba, tratou de superar a concepção tradicional da saúde como sinônimo da ausência de enfermidades, adotando um conceito que não considerava apenas a condição física e mental das pessoas, mas o seu modo de vida. Nesse sentido, o fundamento do sistema de saúde foi a medicina preventiva em que a elevação do nível de saúde não era dada apenas por curar as enfermidades, mas no desenvolvimento de ações que asseguravam a promoção e proteção da saúde. Esse aspecto esteve presente desde as primeiras grandes ações de imunização da população contra um conjunto de doenças. Como parte dessa concepção, se ampliou a rede de serviços da saúde para concretizar a cobertura de toda a população, e se alterou a relação médico-paciente. Estruturou-se assim um sistema nacional e único de saúde que centralizava a formulação da política de saúde e descentralizava sua aplicação em unidades regionais e locais.

A outra estratégia do governo revolucionário cubano para melhorar os índices de saúde física e mental da sua população, foi estimular a participação popular em atividades culturais. O Estado tornou-se o grande responsável por disseminar e promover a prática esportiva, garantindo aos cubanos praticantes todo o suporte necessário em infraestrutura, equipamentos e serviços, visando o bem-estar do povo cubano.

A Assistência Social, garantiu os seguintes serviços: o ingresso nos lares para idosos para aqueles que necessitavam desses serviços, serviços sociais de atenção aos aposentados, pensionistas e idosos por invalidez ou por idade, o ingresso em lares para impedidos físicos e mentais, alojamento e atenção em caso de atendimento médico fora da localidade de residência, assistência cultural e recreativa aos idosos, proteção às crianças, via sistema de educação nos casos de problemas sociais e outros serviços especializados em matéria de saúde, reabilitação, moradia, educação e atenção ao idoso. Com isso, garantiu-se a todos os membros da sociedade não apenas a satisfação de um conjunto de necessidades básicas consideradas essenciais, mas também a satisfação das necessidades individuais para aqueles que, tendo já contribuído para o produto social, encontravam-se incapazes para o trabalho, ou, em virtude da idade ou pela condição física e mental, não estavam aptos para a atividade laboral. Esse mecanismo distributivo retirava das famílias a responsabilidade pela renovação da capacidade de trabalho no âmbito do processo de reprodução social e a compartilhava com o conjunto da sociedade.

Cuba consegue ter um sistema de saúde com índices comparáveis aos países desenvolvidos com um orçamento típico de uma região em desenvolvimento. Cuba foi o primeiro país no planeta a eliminar a transmissão do HIV de mãe para filho.

O gasto estatal em Cuba destinado a saúde é em média 10,57% do PIB do país, muito acima de países como Estados Unidos, Alemanha, França e Espanha. Há décadas, Cuba possui um dos sistemas de atenção primária em saúde mais proativos do mundo, cujo pilar é uma infraestrutura composta por centenas de postos de saúde, que garante a cobertura universal dos serviços médicos preventivos e curativos. Tudo isso pode explicar o porquê de muitos de seus indicadores serem equiparáveis aos de países muito mais ricos.

Em 1959, o país possuía apenas 6.000 médicos, já que metade emigrou para os EUA depois da Revolução. A crise sanitária que se seguiu mostrou ao novo Governo Revolucionário a necessidade de formar profissionais de saúde em massa. Segundo o relatório do Estado Mundial da Infância do Unicef, Cuba alcançou em 2018 uma taxa de mortalidade infantil abaixo de cinco por 1.000 nascidos, dado que coloca o país entre as primeiras 40 nações do mundo. O país caribenho também foi pioneiro em diversos avanços na medicina. Já em 1985 desenvolveu a primeira e única vacina contra a meningite B. Conseguiu novos tratamentos para combater a hepatite B, o pé diabético, o vitiligo e a psoríase. E desenvolveu uma vacina contra o câncer de pulmão, que está sendo testada nos Estados Unidos, e foi o primeiro país do planeta a eliminar a transmissão materno-infantil de HIV, conforme atesta a Organização Mundial da Saúde (OMS), também em 2015, confirmando a colocação do sistema de saúde cubano na vanguarda do continente americano e muito acima da média mundial.

Um "exército de jalecos brancos", como dizia Fidel Castro, nasceu em 1960 e desde então, o Estado cubano enviou mais de 300.000 profissionais em missões sanitárias, de acordo com a Agência Cubana de Notícias, que levaram ajuda a 158 países da América Latina, África e Ásia. Atualmente, Cuba está presente em 67 nações onde a saúde pública é deficitária, com mais de 50.000 médicos cubanos em diversos continentes. O Brasil foi um dos países que se beneficiou desses profissionais quando, em 2013, o Governo Federal lançou o programa Mais Médicos, com o objetivo de levar médicos para o interior do país.

Os médicos são a matéria-prima mais rentável de que dispõe o Governo de Cuba. A cooperação em saúde constitui uma lucrativa ferramenta diplomática e tem sido um elemento essencial para o reconhecimento e o respeito internacional conquistados por Cuba nos últimos 50 anos, mas também se tornou uma das principais fontes de renda do país.

- **Educação:**

Sobre a educação entre os anos de 2005 e 2018, Cuba foi o único país latino-americano a cumprir plenamente os objetivos fixados pela UNESCO no âmbito do Programa "Educação para todos", referente a educação na primeira infância e a alfabetização de adultos. No ano de 1953, período antes da Revolução, das crianças com idade entre 6 e 14 anos, 44,7% estavam fora da escola, já a porcentagem de analfabetos era de 23,6% da população, 11% nas zonas urbanas e 41,7% nas zonas rurais, e estima-se que chegava a 90% nas regiões montanhosas. A educação cubana, a partir da revolução de 1959, desenvolveu uma trajetória que partiu de uma situação precária com analfabetismo e falta de professores, e alcançou no século XXI uma invejável condição, agregou a erradicação do analfabetismo, a universalização da educação secundária e um projeto de inclusão de todos na educação superior.

No contexto atual, toda a política educacional cubana encontra-se vinculada ao projeto de universalização da educação superior, no qual se destaca o modelo de formação docente. Esse modelo de formação para todos, os níveis da educação infantil à educação superior têm como elementos fundamentais a unidade entre educação e instrução e a articulação entre estudo e trabalho. Para que a educação cumpra sua função social, o modelo cubano tem defendido a articulação entre formação docente e ensino, entre educação e estudo e entre pesquisa e trabalho. Essa articulação apresenta-se como um dos motivos pelos quais a educação cubana tem apresentado resultados tão positivos.

Participantes da Campanha Nacional de Erradicação do Analfabetismo, Cuba, 1960-1961.

Até o final de 2019 havia em Cuba 11.500.000 milhões de habitantes e nos últimos 60 anos formou quase 2 milhões de universitários. Por todo o país funciona uma rede de mais de 12 mil instituições de ensino, entre as quais se incluem: círculos infantis, ensino básico, especiais, ensino médio, pré-universitários, técnico-profissionais, de arte, de esporte e de adultos, com garantia de acesso para toda a população. Em cada província do país existe uma Universidade de Ciências Pedagógicas e, sob sua condução, a formação dos docentes de nível superior chega até os 169 municípios existentes. Nessas instituições pedagógicas, matricularam-se para o mestrado em Ciências da Educação mais de 117 mil educadores, e já se conta com mais de 22 mil profissionais formados. Mais de 900 docentes atingiram o grau de doutor em alguma das especialidades. Devemos levar em consideração a grande vocação internacionalista da Revolução que se concretizou no atendimento educativo para centenas de milhares de estudantes de outros países.

Depois de todos os ganhos citados acima, afirmar que a experiência socialista em Cuba não foi válida, é de uma desonestidade intelectual sem tamanho.

China

No ano de 1949 Mao Tsé-Tung chega ao poder com o objetivo de construir uma sociedade verdadeiramente desenvolvida e igualitária por meio de um processo revolucionário. A partir daí o Estado chinês criava as bases para a centralização do poder nas mãos do Partido Comunista e, consequentemente, os meios para levar adiante uma estratégia de industrialização com forte controle estatal.

O ímpeto revolucionário de Mao Tsé-Tung buscava inviabilizar a consolidação somente de uma classe no poder, evitando que está se beneficiasse com ganhos advindos da propriedade, do comércio externo, etc, e por isso, era necessário à criação de uma sociedade igualitária. Estes objetivos na Revolução de 1949 foi chamado de "O Grande Salto Adiante" (1958-1960); e, finalmente, a "Revolução Cultural" (1966-1969).

Um dos principais determinantes dessa revolução foi o entendimento das diversas esferas da sociedade (camponeses, operários e acadêmicos) da necessidade de uma ampla reforma agrária, em última instância, visando mudanças estruturais em busca da redução das desigualdades sociais existentes. O apoio popular garantiu a união do cidadão chinês em torno desse objetivo, que passou a possuir um vínculo social com os demais cidadãos. Este ponto é especificamente importante, pois a busca de um objetivo comum entre eles a reforma agrária foi o que garantiu legitimidade à revolução de 1949. Esta forneceu também as bases para se controlar e coordenar a sociedade e, consequentemente, a economia rumo à industrialização pesada.

Vale lembrar que a tomada de poder por Mao Tsé-Tung em 1949 ocorreu em meio a um caos social: o país estava devastado pela guerra contra o domínio japonês e também pela guerra civil que enfrentara contra os nacionalistas. É nesse contexto que emerge o consenso acerca da necessidade de uma reforma agrária extensa e eficiente. Nesse sentido, pode-se dizer que a criação das bases para o desenvolvimento industrial passava necessariamente pela tão esperada reforma agrária, uma vez que o setor primário tem um papel determinante nesse processo. Essa foi uma das primeiras ações de Mao Tsé-Tung no poder. A dimensão dessa reforma foi realmente extensiva: estima-se que 47 milhões de hectares aproximadamente quase a metade das terras cultivadas tenham sido divididos entre 300 milhões de camponeses pobres, sendo dois terços de hectare por família. A mudança na estrutura foi notória: cerca de 40 milhões de camponeses com uma propriedade relativamente superior à média tiveram suas propriedades reduzidas; 70 milhões de camponeses simplesmente mantiveram sua propriedade; e 300 milhões de camponeses pobres conquistaram sua propriedade. A reforma agrária avançou além da distribuição de terras aos camponeses, pois uma série de fazendas e granjas estatais foi organizada, possibilitando que muitos passassem a trabalhadores assalariados.

Como a economia no período se ancorava na agricultura, uma reforma desse porte significava em última instância estimular a economia, garantindo renda à população, plantando as sementes para o desenvolvimento industrial que viria nos períodos subsequentes. Nos três primeiros anos após a revolução, o clima favorável e a reestruturação trouxeram um grande aumento da produção. Após 1952 houve novas reestruturações, nas quais os camponeses foram organizados em cooperativas para que houvesse aumento da produção com ganhos de escala. Aos poucos, os agricultores foram obrigados a entregar suas produções ao governo por meio das agências estatais. Logo as trocas efetuadas por agentes privados foram extintas e o governo passou a ser o único distribuidor.

Além da reforma no campo, assistiu-se a uma reestruturação nas cidades. O Partido Comunista Chinês (PCC) mostrou-se capaz de auto reformar a estrutura montada no império e, principalmente, eliminar as camadas burguesas que se beneficiavam e se apropriavam do governo. Com isso, iniciou-se uma série de reformas, em que as empresas privadas existentes eram obrigadas a tomar empréstimos com fundos públicos e, dessa forma, trabalhar sob contrato com órgãos fiscais, dos quais recebiam, além de crédito, matérias primas. Em meio a esse processo, o Estado forçou uma série de fusões entre as estatais e estas empresas, que passaram a ser propriedade do governo.

Assim, poucos anos após a revolução, o Estado já possuía uma rede de empresas estatais, **controlava a produção** e o **fornecimento de bens agrícolas**. Podemos dizer que essas reformas deram ao Partido Comunista Chinês as ferramentas iniciais para se levar a cabo uma estratégia industrializante com forte controle e planejamento estatal. Em um sentido mais amplo, observa-se que o caráter revolucionário imposto por Mao durante todo seu governo, com reformas impactantes e mobilização popular, foi fundamental e tinha o objetivo de quebrar o imobilismo tradicional, conduzindo as mudanças necessárias à modernização chinesa.

Aqui vale destacar que a produção industrial na China dependia fortemente da produção agrícola, tanto para suprir a cidade com matérias primas, quanto para que o campo tivesse renda para criar mercado para os produtos industriais. Assim, atrelado à estratégia de industrialização, o aumento da produção agrícola era fundamental e, dessa forma, houve um forte incremento de insumos agrícolas, como os inseticidas, cuja produção física foi aumentada em mais de 100 vezes. Pode-se dizer, portanto, que nesse período focou-se na criação das bases de uma industrialização mais sólida, sem deixar de incentivar também a principal geradora de renda no momento, a agricultura, com criação/ampliação da indústria de insumos agrícolas, já que a formação da indústria dependia da agricultura.

A Era Mao Tsé-Tung de certa forma garantiu a criação de uma sociedade mais igualitária, bem como um constante movimento rumo à industrialização. Este fator foi fundamental para viabilizar as mudanças sociais e econômicas necessárias à criação e ao fortalecimento da indústria pesada, bem como a incorporação do Estado nas diversas estruturas sociais e produtivas existentes. A existência dessa indústria pesada foi importante para viabilizar o processo de industrialização acelerado pós Era Mao Tsé-Tung.

No ano de 2019 o atual Governo chinês retirou 10 milhões de pessoas da pobreza. O país está correndo na última fase em direção ao objetivo de erradicação da pobreza e de construção integral da sociedade moderadamente próspera. Pois vale lembrar que não foi fácil para a China atingir os êxitos brilhantes da redução da pobreza. Isso se atribui à pesquisa e inovação constante do Partido Comunista da China e do governo do país, que persistem no desenvolvimento centrado no povo e tratam a redução da pobreza como uma meta principal do desenvolvimento socioeconómico, estabelecendo um calendário claro para esta tarefa. Esse feito também é atribuído à política de reforma e abertura e à vantagem do sistema que permite concentrar forças em grandes empreendimentos. A China forneceu ao mundo um modelo único de redução da pobreza com características chinesas.

Neste ano de 2020, a República Popular da China comemora os 71 anos da sua fundação. Setenta e um anos atrás, sob a liderança do Partido Comunista da China, o povo chinês, após árduos esforços, estabeleceu uma nova China, alcançou a independência nacional e inaugurou novo capítulo na história da nação. Setenta e um anos depois, o governo e o povo da China, unidos e perseverantes, encontraram um caminho de desenvolvimento condizente com suas realidades e conquistaram sucessos que impressionam o mundo.

A economia chinesa entrou numa nova fase de desenvolvimento de alta qualidade. Com mais de 40 anos da reforma e abertura, a China, outrora pobre e atrasada, cresceu até se tornar a segunda economia do planeta. Tem, hoje, o sistema industrial mais completo no mundo, valor adicionado de manufatura que tem sido líder mundial por 10 anos consecutivos e novas indústrias e modelos de negócios que se desenvolvem de forma acelerada. A China responde por 30% da expansão da economia global e tem sido seu maior motor por 13 anos seguidos.

Ciência, tecnologia e inovação constituem a nova força motriz do desenvolvimento chinês. Atualmente, os gastos com pesquisa representam 2,19% do PIB nacional, percentagem superior, por exemplo, à média da União Europeia. O país tem a maior quantidade de patentes, tanto em pedidos quanto em outorgas, além de empregar o maior número de profissionais em pesquisa e desenvolvimento.

A classificação da China no Índice Global de Inovação subiu para o 14º lugar, a mais alta colocação entre as nações em desenvolvimento. O país posiciona-se na dianteira mundial em áreas cruciais de inovação tecnológica como 5G, inteligência artificial e computação em nuvem. A estratégia de desenvolvimento movido pela inovação levará à sofisticação da manufatura e ao aumento de indústrias emergentes.

A vida dos chineses mudou para melhor. Hoje, a China tem o sistema de seguridade social com a maior cobertura do mundo. A expectativa de vida aumentou de 35 para 77 anos e mais de 800 milhões de pessoas saíram da pobreza. Diante dos desafios impostos pela pandemia de COVID-19, o governo tem como tarefas prioritárias assegurar o emprego e a subsistência básica. Trabalha para tirar da pobreza, ainda este ano, 5,51 milhões de habitantes que ainda vivem nesta condição, cumprindo, assim, as metas de erradicação da miséria absoluta e de construção de uma sociedade moderadamente próspera em todos os aspectos.

A China conseguiu novos feitos no campo dos direitos humanos. Como nação de diversidade étnica e religiosa, vem garantindo, por lei, os direitos da população nas esferas econômica, política, social, cultural e ambiental, além de respeitar a liberdade de crença de todos os grupos étnicos. Em Xinjiang, por exemplo, a população uigur mais do que dobrou nos últimos 40 anos. Esse foi o maior crescimento populacional entre todas as etnias da mesma região, 10 vezes maior do que o da população han no mesmo período. Existem, ali, mais de 20 mil mesquitas em funcionamento, o que equivale, em média, a uma mesquita para cada 530 muçulmanos, proporção maior até do que a registrada em muitos países islâmicos.

Depois de todos os ganhos citados acima, afirmar que a experiência socialista na China não foi válida, é de uma desonestidade intelectual sem tamanho.

República Popular Democrática da Coreia:

A República Popular Democrática da Coreia, chamada de Coreia do Norte, é um Estado Operário, fundado após a expulsão do Japão no fim da Segunda Guerra Mundial. O Japão que há mais de cem anos, estava em plena escalada imperialista no Sudeste Asiático. Começou invadindo a China, em 1894, e não parou mais até o fim da Segunda Guerra. Durante o ataque japonês no Sudeste Asiático, estima-se que os japoneses tenham assassinado em torno de 30 milhões de coreanos, 23 milhões de chineses, e outros milhares de filipinos, malaios, vietnamitas, cambojanos, indonésios e birmanes.

No caso da Coreia, milhares de mulheres coreanas foram obrigadas a serem escravas sexuais dos japoneses, milhares foram estupradas e mortas. Através desses horrores você pode entender um pouco os motivos que levaram a Coreia do Norte a lutar pela sua libertação da terrível colonização japonesa e por seguinte a norte-americana.

Infelizmente, o que muitos sabem sobre o país é motivado pelo bombardeio da grande mídia e de vídeos no Youtube, expondo a Coreia do Norte como uma ditadura cruel que oprime o seu povo. E é comum que tanto, indivíduos da direita como da esquerda no Brasil, terem uma opinião negativa sobre a Coreia do Norte. Também não é raro encontrar correspondentes internacionais que mal dominam o idioma coreano ou que não têm qualquer bagagem intelectual sobre o país espalhando notícias caóticas. O país é provavelmente o mais caricaturado do mundo. Volta e meia, aparece nos monopólios de mídia com amplo destaque alguma notícia fantástica sobre a Coreia do Norte como "o ditador" Kim Jong-Um quando era criança matou o irmão quando brincava com ele na piscina, Kim Jung-Um mandou matar o tio com um lança mísseis porque ele dormiu numa reunião" ou Kim mandou matar a namorada porque ela falava muito, a Coreia do Norte é a maior falsificadora de notas de 100 dólares do planeta, a dinastia Kim são os maiores traficantes de meta-anfetamina do planeta, dentre outros absurdos.

Para entender como funciona o sistema de governo na República Popular Democrática da Coreia, eu vou descrever 8 coisas sobre o país:

- **Democracia**

Diferente da visão moralista do ocidente, a Coreia do Norte não é um Estado unipartidário. Existem 3 partidos na Coreia:

o Partido do Trabalho da Coreia, o Partido Social Democrata e o Partido Chondoísta Chongu. Esses três partidos governam numa coalizão nacional em busca da reunificação. Kim Jong Un não governa o país acima da lei e da constituição do país. Na Coreia do Norte, o órgão máximo de poder é a Assembleia Popular Suprema, composta por 687 deputados eleitos por voto direto e livre. Além disso, há as Assembleias locais com deputados regionais também eleitos pela população em eleições de 5 em 5 anos. Kim Jong Un é um deputado da Assembleia Popular Suprema e por sua vez foi eleito por ela para ser Presidente do Comitê de Assuntos Estatais da República Popular Democrática da Coreia. Ele governa junto com outros deputados eleitos pela Assembleia para altos cargos do Estado. Ele não pode tomar decisões unilaterais: todas as decisões que tomar precisam passar pela Assembleia Popular Suprema.

Quando tentamos explicar sobre o sistema político norte-coreano é preciso entender que a teoria revolucionária e os conceitos revolucionários não são os dominantes na sociedade ocidental, e muito menos no Brasil, e por isso descrevê-los sem explicar profundamente a subjetividade desse processo revolucionário de construção sócio histórico da sociedade norte-coreana, é inútil. A concepção da maioria das pessoas sobre a "ditadura" norte-coreana é moralista e liberal, não adianta tentar forçar nelas uma concepção que não encaixa sem antes tentar desconstruir a noção preconceituosa ou moralista que tem sobre o país.

Até porque temos que explicar para os moralistas que o conceito puro de democracia não existe para nós que somos latino americanos, ou seja, nossa história é dominada pelo controle estadunidense sobre os rumos políticos e econômicos dos países do bloco. Na América Latina líderes que tiveram alguma postura revolucionária em benefício do povo mais pobre, acabaram sendo golpeados ou apelidados geralmente de "ditador" ou "corrupto". Ou seja, se não existe democracia na sua essência para nós, o que nos resta é a "ditadura liberal" que faz do Brasil o país mais desigual do planeta e com um Estado opressor com suas minorias, e a maior concentração de renda do planeta nas mãos de uma pequena elite econômica.

- Turismo

Referente a liberdade dos turistas transitar livremente na Coreia do Norte, o que é proibido. A justificativa do governo norte-coreano é que todos os turistas precisam ser acompanhados por guias do governo para evitar que espiões estrangeiros adentrem no país, principalmente os norte-americanos, evitando assim, algum problema que coloque o país em risco. Vale lembrar que o exército dos Estados Unidos possui bases militares equipadas com armamento nuclear e cerca de 20 mil soldados ao redor da Coreia do Norte. Pois para o governo norte-coreano, todo cuidado é pouco. Infelizmente essa ameaça de explosão de uma guerra a qualquer momento, faz com que o controle turístico seja aplicado para todas as nações.

- **Imprensa e internet**

Referente a liberdade de imprensa o controle é feito pelo Estado com a mesma justificativa de evitar que a imprensa imperialista cause problemas para o país. O mesmo ocorre com a internet, o acesso é controlado pelo Governo.

• **Divisão**

Aqui vale explicar que os coreanos do norte odeiam a divisão da Coreia entre norte e sul. Eles jamais pediram isso, e nunca puderam decidir se queriam isso ou não. A divisão da Coreia se deu em 1945 quando os Estados Unidos da América ocuparam a metade sul do país ao considerar que ao vencer o Japão na guerra, suas colônias também eram seus troféus (a Coreia estava ocupada pelo Japão). Os EUA então criaram um Estado fantoche que hoje chamamos de Coreia do Sul, ao passo que no norte foi formado um Estado Socialista comandado pelo movimento revolucionário nacional que desde a década de 1920 estava lutando em guerrilha contra a ocupação japonesa.

Sendo assim, a Coreia do Norte sempre considerou que a reunificação das Coreias deve ocorrer com a saída das tropas dos Estados Unidos da Coreia do Sul, que lá estão até hoje com mais de 20.000 soldados. A proposta de uma reunificação pacífica da pátria sempre foi feita pelo Norte, bem como as iniciativas de conversações, mas a situação sempre se congela porque os EUA e a Coreia do Sul exigem o desmantelamento do governo socialista do norte como pré-condição para a reunificação.

A Coreia do Norte hoje é um dos países que mais está sob ataque contínuo no mundo. Bloqueada econômica e diplomaticamente, a Coreia do Norte como já descrito, sofre ainda um cerco militar por parte dos EUA. Tudo isso porque o país resolveu não desistir do seu caminho Socialista nos anos 1990 como fez a União Soviética. A Coreia do Norte apenas quer ser um país independe e desenvolver-se como uma potência socialista em paz.

Pergunta-se: quantos países a Coreia do Norte invadiu ou atacou? Quantas populações estão sofrendo limpeza étnica por parte da Coreia do Norte? Quantas bases militares da Coreia do Norte existem pelo mundo? Quais países sofrem com um bloqueio econômico da Coreia do Norte?

Liderada pelos Estados Unidos, a comunidade internacional está estrangulando a economia da Coreia do Norte. Em agosto e setembro de 2017, o Conselho de Segurança da ONU aprovou resoluções banindo a exportação de carvão, ferro, chumbo, frutos do mar e têxtis e limitando a importação de óleo bruto e derivados de petróleo refinado. Os Estados Unidos, o Japão e a Coreia do Sul, cada um, impuseram sanções à Pyongyang para isolar ainda mais o país. A justificativa oficial para essa asfixia econômica, como sabemos, é impedir a Coreia do Norte de desenvolver seu programa nuclear. Supostamente, o país seria uma ameaça ao mundo. Um país pequeno sem qualquer histórico de golpes militares, invasões ou sabotagens contra seu vizinho, é atacado pela "comunidade internacional" liderada pelos Estados Unidos, país com mais 800 bases militares espalhadas pelo mundo, e uma série de invasões neocoloniais (Iraque, Líbia, Síria, Iêmen, Afeganistão, Filipinas, Cuba, Porto Rico, Nicarágua, Honduras, Haiti, Panamá, Guatemala, Vietnã, etc.).

É fundamental entender que a Coreia do Norte nasceu de uma experiência revolucionária que desde o início não consegue se desenvolver livremente. É atacada, caluniada, cercada, perseguida, asfixiada economicamente pelo imperialismo norte-americano.

- **Trabalho**

O trabalho também é um direito básico garantido pela constituição, sendo assim, todos têm emprego na Coreia do

Norte e não há desemprego. Os trabalhadores recebem um salário conforme o seu nível de dificuldade no trabalho e seu desempenho. Não há salário igual para todos. Lá, cada um recebe segundo suas necessidades. Além do salário, o governo dá cestas básicas de alimentação e outros subsídios.

- **Moradia**

Na Coreia do Norte todas as casas são distribuídas de graça pelo Estado Socialista porque a moradia é um direito básico presente na Constituição do país. Não há moradores de rua na Coreia do Norte pois todos recebem uma casa para viver. Em Pyongyang, os prédios de apartamentos populares mais se parecem com prédios comerciais do Ocidente.

- **Educação**

A Coreia do Norte possui um sistema de educação livre e totalmente gratuito com 12 anos obrigatórios mais Ensino Superior, também gratuito. Não existem escolas ou universidades privadas no país. O Estado também fornece material escolar, uniforme e transporte. As crianças que apresentam um desempenho acima da média também ingressam em escolas que apresentam atividades extras para desenvolver seus talentos e formar cidadãos cientificamente avançados para contribuir na construção socialista.

Se você é um trabalhador e quer entrar na universidade, o governo continua a pagar o seu salário e libera você para estudar.

- **Saúde**

Assim como a educação, a Coreia do Norte tem um sistema de saúde público totalmente gratuito e não há clínicas particulares. O Estado também dá remédios e medicações gratuitamente. Segundo pesquisas, a Coreia do Norte possui uma das melhores relações numéricas entre população x médicos e leitos de hospital do mundo.

Os hospitais mais especializados possuem um serviço de transporte gratuito para trazer os pacientes de zonas afastadas que precisam de atendimento. O mesmo acontece com as grávidas: linhas de táxis grátis para o tratamento de pré-natal ou alguma emergência.

Concluindo: quem tiver interesse em se aprofundar mais sobre a Coreia do Norte, recomendo a leitura dos dois livros demonstrados no início.

Quem tiver interesse em saber mais sobre a República Popular Democrática da Coreia, recomendo entrar na página www.cepsongunbr.com lá você encontrara muitas informações sobre o país.

Vietnã

A história do povo do Vietnã caracteriza-se por ser uma história de lutas contra agressores estrangeiros para defender sua independência nacional e sua liberdade. Em 03 de fevereiro de 1930 surgia o Partido Comunista do Vietnã, sob a direção do líder Nguyen Ai Quoc (Ho Chi Minh), proporcionando à causa revolucionária que determinava a libertação nacional e o socialismo num único objetivo da revolução conduzida pelo proletariado, e guiada pelo marxismo-leninismo.

Quinze anos depois, em 19 de agosto de 1945, o proletariado e outras classes do povo vietnamita derrotaram o regime colonial-feudal. E, em 02 de setembro, seu líder Ho Chi Minh anuncia ao mundo o nascimento da República Democrática do Vietnã. A partir desse momento, os vietnamitas entregaram-se ao cumprimento de duas tarefas unidas entre si: a de continuar a revolução democrático-popular e a de realizar a revolução socialista.

Até hoje transcorreram aproximadamente 65 anos de desenvolvimento do socialismo no Vietnã, dos quais nos primeiros 30 anos (1945-75) houve sucessivas guerras contra o colonialismo francês e o imperialismo norte-americano. Em abril de 1975, o Vietnã conquistou a vitória final na guerra de mais de duas décadas contra os Estados Unidos. A independência nacional e a reunificação do país, objetivos não negociáveis, tornaram-se realidade, satisfazendo o desejo profundo do povo guerreiro liderado pelo inesquecível Ho Chi Minh e seu glorioso Partido Comunista.

Por volta de 10 anos (1975-85) foi iniciada a edificação socialista em todo o território, tanto no norte quanto no sul, já reunificados na República Socialista do Vietnã; e o último período, 21 anos (de 1986 até hoje), é conhecido como de renovação. Vistos em seu conjunto nesses 65 anos podem ser destacadas algumas importantes particularidades do processo de desenvolvimento do socialismo no Vietnã.

No campo econômico nas três últimas décadas, o crescimento médio anual do Vietnã chegou a 6,1%; a produção industrial aumentou aproximadamente 150%, com destaque para a produção energética, a extração de carvão, as indústrias metalúrgicas, mecânica, química, a produção de materiais de construção; a agricultura foi suficiente para as necessidades básicas do povo. As relações de produção socialistas começaram a se instaurar, dando novo caráter à economia do país. O comércio interno, e externo, alcançou desenvolvimento a cada dia mais abrangente.

No âmbito social houve um progresso transcendental. Em 1960 foi totalmente erradicado o analfabetismo, antes acima de 95% da população. Foram desenvolvidos a educação, a assistência médica e o aproveitamento do esporte gratuito a todo o povo. Escolas de nível básico, secundário e pré-universitário foram construídas nas áreas mais afastadas do Vietnã do Norte; dezenas de universidades criadas com todas as principais especialidades da ciência e tecnologia. Não havia desemprego, drogas, prostituição. A igualdade social, a igualdade entre homem e mulher, a democracia socialista, o espírito coletivo, o patriotismo, o amor ao trabalho, a entrega total à causa revolucionária, o internacionalismo proletário etc. tornaram-se valores comuns e cotidianos. Tais valores em que se encontram ligadas a tradição milenar do povo heroico e a consciência socialista foram os fatores, entre outros, que deram ao Vietnã imbatível força frente a todos os obstáculos e agressores.

No campo das relações internacionais, o Vietnã de hoje encontra-se visivelmente renovado mediante negociações políticas ele conseguiu acabar com a hostilidade e o embargo por que foi perseguido durante muito tempo. Sua relação com a China foi normalizada em 1993, e em 1995 nosso país filiou-se à Associação das Nações do Sudeste Asiático (Asean), estabeleceu relações diplomáticas com os EUA e estabeleceu Protocolo de Cooperação com a União Europeia (UE). Atualmente, o Vietnã possui relacionamento diplomático pleno com 171 países; mantém relações comerciais com quase todos os países; relaciona-se com mais de 40 organizações internacionais e por volta de 600 ONGS do mundo todo.

Depois de todos os ganhos citados acima, afirmar que a experiência socialista no Vietnã não foi válida, é de uma desonestidade intelectual sem tamanho.

Iugoslávia

A Iugoslávia teve um papel fundamental para a experiência socialista do século XX, sendo caracterizada pelos seus períodos de grande prosperidade, até a sua desintegração forjada pelas potências imperialistas. A Iugoslávia inicialmente, adotou um sistema de socialismo seguindo exatamente o modelo soviético, e após a II Guerra Mundial o socialismo na Iugoslávia possibilitou um crescimento maior do que todas as potências mundiais, inclusive maior do que o da URSS. Nos primeiros anos da década de 1960 o crescimento médio anual do produto interno bruto (PIB) era de 6,1%, o serviço público e gratuito de saúde era universalizado, o analfabetismo era de apenas 9%, e a expectativa de vida era de 72 anos. Durante a crise do petróleo mais ou menos em 1980, o crescimento ficava variando entre 6% e 5%. A Iugoslávia também era pioneira no requisito das liberdades individuais: em 1973 começa o período de descriminalização da homossexualidade no país, e em 1976 o estado decreta que todos os países devem descriminalizar a homossexualidade, e é em 1977 que isso se torna completamente legal. Em 1980 teve uma espécie de festival de 'cultura' gay e lésbica. Isso tudo antes da OMS retirar a homossexualidade da lista de doenças, em 1990.

A Iugoslávia foi sim uma experiência socialista de peso e que deve ser tomada como exemplo para os socialistas e comunistas atuais. Foi um exemplo de liberdade e prosperidade, que mostrou que não há nada melhor que a união e a organização independente dos trabalhadores para construir o socialismo em benefício de todos.

Depois de todos os ganhos humanitários citados acima, afirmar que a experiência socialista na Iugoslávia não foi válida, é de uma desonestidade intelectual sem tamanho.

Burkina Faso: uma experiência socialista pouco conhecida

Thomas Sankara conhecido como o "Che Guevara" africano. O ex-Presidente do Burkina Faso é um ícone do movimento de libertação africano que se transformou num herói popular, cujos ideais continuam a orientar muitos africanos, sobretudo os mais jovens. O então general Thomas Sankara apoderou-se do Governo em 1983 através de um golpe de Estado. Ele sonhava criar um Estado sem corrupção, independente do ocidente e estreitamente unido aos países vizinhos.

Sankara era muito carismático, o que lhe serviu de instrumento para fazer avançar a política socialista no país. Era com um sorriso que fazia exigências que assustavam as antigas potências coloniais. Assim apelou aos países africanos para que não pagassem as dívidas contraídas junto do ocidente, exigência que lhe parecia justificada por causa da exploração colonial.

Sankara queria dar mais poderes à população rural, que representava a grande maioria no país, e na sua presidência foram construídos clínicas e centros comunitários em aldeias remotas. Em 1984, equipes médicas móveis vacinaram mais de dois milhões de crianças. Neste mesmo ano a produção agrária cresceu e em 1986 trinta e cinco mil aldeãos aprenderam a ler e escrever em três meses.

Sankara tinha duas qualidades raras entre as elites do continente: era íntegro e modesto. Ele próprio não possuía muitos bens materiais, e os seus filhos frequentaram escolas públicas. A esposa de Sankara continuou a trabalhar no Departamento de Transportes do país quando já era primeira dama. O Presidente vendeu os carros de luxo dos seus predecessores, obrigando os Ministros do Governo a seguir o seu exemplo e andar numa viatura Renault 5 que na altura era o carro mais barato no mercado.

Em 1984 mudou o nome do país, até então a República do Alto Volta, para Burkina Faso, o que significa "país do povo honesto".

Recomendo aos militantes das esquerdas estudarem o período de Sankara no poder e o que ele fez pelo povo de Burkina Faso. Existe no Youtube bons documentários sobre o ex-presidente que vale muita a pena ver, para entender a experiência socialista que modificou para melhor as condições de vida do povo daquele país.

Depois de todos os ganhos humanitários citados acima, afirmar que a experiência socialista em Burkina Faso não foi válida, é de uma desonestidade intelectual sem tamanho.

O SOCIALISMO NO PROCESSO DE INDEPENDÊNCIA DAS COLÔNIAS AFRICANAS:

Descrever o processo de descolonização na África, é impensável não citar Frantz Fanon (1925-1961), psiquiatra, ensaísta marxista, escritor e militante político ao lado da Frente de Libertação Nacional da Argélia (FLN). Nascido na Martinica, fez parte do grupo de intelectuais negros cuja importância é enorme. Fanon foi um anticolonialista radical um ser extraordinário. Viveu sua breve vida entre quatro países: na sua terra natal Martinica, França Argélia e Tunísia, onde se comprometeu com a luta pela independência do país, intervindo em uma das guerras mais cruéis da história moderna.

A FLN estimou que foram assassinados um milhão e meio de argelinos entre o começo da guerra em 1954 e a proclamação da independência em 1962, o que representa 15% de uma população que não chegava aos 10 milhões.

Fanon na Argélia, então colônia francesa, trabalhou como médico psiquiatra no hospital do exército francês. Lá testemunhou as atrocidades da guerra de libertação travada pela Frente de Libertação Nacional contra a dominação colonial francesa. Diante da violência do processo colonial, Fanon se uniu à resistência argelina, participando posteriormente de maneira ativa na política africana pós-colonial. Em dezembro de 1960 Fanon decidiu circular por várias partes do continente africano fomentando a necessidade de expandir a guerra de libertação a outros países.

Frantz Fanon no meio acadêmico é um nome central nos estudos culturais, pós-coloniais e africano-americanos. Recomendo para todos que se dizem de esquerda ler as obras de Fanon, sendo elas os livros "Pele Negra, Máscaras Brancas (1952)" e "Em defesa da Revolução Africana (1964)".

A IMPORTÂNCIA DA REVOLUÇÃO RUSSA NO PROCESSO DE DESCOLONIZAÇÃO DA ÁFRICA:

Com efeito, desde a vitória dos Bolcheviques da Revolução Russa de 1917, a URSS procurou apoiar os processos de independência de todos os países africanos colonizados, desenvolvendo uma política de ajuda direta ou indireta.

Diante da derrota dos EUA no Vietnã, reduzindo a sua interferência na Ásia e África, a URSS procurou ampliar sua influência, dando ênfase à luta em países cuja libertação completa sofria grave ameaça, tendo em vista a existência de movimentos guerrilheiros que defendiam a submissão econômica aos norte-americanos, como foi o caso de Angola.

Por outro lado, teve a resistência ao racismo, como a luta contra o regime de apartheid na África do Sul que recebeu apoio da URSS que tivera papel essencial na luta pela independência do país.

Entre 1965 e 1975, a URSS assinou dezenas de acordos com as jovens nações africanas com vistas a fornecer ajuda a estes países, principalmente nas áreas de ensino e pesquisa.

É importante deixar clero que o tema sobre as experiências socialistas no continente africano é bastante extenso, e precisa ser debatido com maior profundidade. Por isso deixo aqui minha dica a militância das esquerdas que estudem o tema para que os exemplos das lutas africanas anti-colonialismo sejam assimiladas, e praticadas pelas massas populares no Brasil.

Concluo este tópico como um alerta para todos os militantes das esquerdas. As experiências socialistas do século XX são a base para entender a luta da classe trabalhadora contra o colonialismo, o Estado Burguês e a ideologia burguesa. Por isso estudar estas experiências são de fundamental importância para quem se diz militante de esquerda, pois, precisa-se bater de frente com a grande ignorância do senso comum quanto ao tema, bom como colaborar nos debates dentro das universidades públicas que há décadas não possuem núcleos de estudos científicos sobre as experiências socialistas do século XX, causando uma enorme carência de material de pesquisa para que alunos/ militantes possam estudar para enfrentar com mais segurança os debates contra os críticos do socialismo e comunismo. Sem contar que o mercado editorial brasileiro é extremamente carente livros históricos e científicos sobre as experiências socialistas do século XX. Ao contrário, as livrarias visando o lucro, estão cheias de livros conspiratórios de pouca credibilidade acadêmica que através de títulos anticomunistas, deseducam o leitor que é inundado de clichês da guerra fria que descaracterizam as experiências socialistas como algo totalmente inútil para a luta dos trabalhadores no século XX.

Uma coisa é certa: existe uma quantidade enorme de escritores russos, nos países do leste europeu, cubanos, chineses, coreanos, vietnamitas, africanos, que vivenciaram a experiência socialista em seus países e que puderam analisar de perto a realidade local, escrevendo obras literárias de fundamental importância para o estudo do tema. Livros estes, que nunca foram traduzidos para a língua portuguesa. Isso é um absurdo e um desserviço do mercado editorial brasileiro. Aqui fica uma dica as Editoras especializadas no tema 'experiências socialistas do século XX'... traduzam e publiquem mais obras sobre o tema oriundo de autores dos países citados acima. Estudiosos do socialismo e do comunismo não podem mais aceitar que o ocidente capitalista descreva a história destes sistemas em livros conforme seus interesses ideológicos e moralistas, empurrando goela abaixo dos brasileiros obras voltadas somente para o lado negativo das experiências socialistas do século XX.

Aqui deixo claro que SIM existiram muitas coisas erradas nas experiências socialistas do século XX, pois para as esquerdas (principalmente a radical e a revolucionaria), esses erros se tornaram aprendizados para que os mesmos não se repitam no futuro. O mesmo não ocorrendo no mundo capitalista que em pleno ano de 2020, depois de tudo que foi prometido de prosperidade para a humanidade desde o surgimento do sistema capitalista no século XV com o fim do feudalismo, o capitalismo do século XVI ao XVIII passando pelo período da Revolução Industrial, o capitalismo financeiro do século XX até o atual capitalismo rentista do século XXI. Pois ainda há 700 milhões de pessoas que vivem abaixo da linha da pobreza.

Também parece faltar ao crítico do socialismo ou comunismo uma visão mais abrangente da realidade capitalista sobre a miséria. O fato, porém, é que o capitalismo também sempre possuiu seus horrores. Por conta da orientação de uma elite dirigente especulativa e rentista que por muitas décadas manda no planeta, chegamos ao ano de 2020 com a metade mais pobre da população global, mais de três bilhões e meio de pessoas, possuindo menos de dois por cento da riqueza do planeta. Um bilhão, duzentos e noventa milhões de pessoas são considerados miseráveis, vivendo em pobreza extrema, com menos de um dólar e vinte e cinco centavos por dia. Outras um bilhão e duzentos milhões de pessoas são considerados apenas "pobres", pois, vivem com menos de dois dólares por dia.

A política especulativa capitalista é responsável por trinta e cinco mil pessoas mortas todos os dias pela fome. Pergunto: não seria mais racional, além de criticar os defeitos das antigas experiências socialistas do século XX, criticar também de forma inteligente os malefícios do nosso atual sistema capitalista especulativo e excludente com os mais pobres?

É importante deixar claro que a fome não é, e nunca foi um problema unicamente das experiências socialistas do século XX, ou seja, a fome sempre matou muito mais pessoas na história da civilização capitalista do que qualquer outro regime já existente. É só pesquisar seriamente sobre o assunto que será comprovado.

2) "É socialista, mas usa (celular) iPhone"

Para começo de conversa é importante deixar claro que o capitalismo não produz nada! Quem produz é à força de trabalho das pessoas. O socialismo ou comunismo na sua raiz filosófica marxista não é, e nunca foi contra o consumo, a industrialização e a produção capitalista. O socialismo ou comunismo marxista é, e sempre será contra o consumo irresponsável, e a exploração das classes dominantes sobre quem produz os bens de consumo. O socialismo ou comunismo marxista luta pela igualdade de possibilidade do acesso a estes bens produzidos por toda a população. Portanto, não há problema algum, quem se diz de esquerda usufruir de produtos produzidos por trabalhadores inseridos no sistema capitalista. Primeiro que ser de esquerda não é um estilo de vida ou uma moda, nem é voto de pobreza. E digo mais: se um esquerdista fosse proibido de usar smartphones, computadores, carros importados, etc... deveria deixar de ser também um trabalhador no sistema capitalista, pois, o operário é um produto da própria sociedade capitalista burguesa e do próprio mercado. Acusá-los de usar tais produtos seriam uma contradição enorme dos capitalistas para com os socialistas esquerdistas, e nem Marx nem Engels escreveram em suas obras que no socialismo ou comunismo o trabalhador não pode usufruir pessoalmente de produtos industrializados.

Os socialistas ou comunistas não são contra ou criticam tecnologias como a dos smartphones. A crítica encontra-se justamente nos focos mais urgentes como a falta de acesso universal à alimentação, moradia, vestuário, transporte coletivo, educação, saúde, aposentadoria e trabalho digno. O socialista ou comunista não são contra nem negam qualquer tecnologia que foi inventada numa sociedade capitalista ou feudal, a luta é justamente pela socialização dos benefícios produzidos pelos trabalhadores, deixando claro desde que não haja exploração do ser humano e dos recursos do planeta de forma irresponsável.

Este mito de que socialista ou comunista ao consumirem bens pessoais e materiais produzidos numa sociedade capitalista, automaticamente se tornam indivíduos capitalistas, é importante destacar primeiramente o que é ser um burguês e um proletariado nessa sociedade capitalista:

Para entender o que é ser um burguês em uma sociedade temos que focar na dominação e na exploração da sociedade através da força de trabalho das pessoas, e não somente na quantidade elevada de consumo. Ou seja, ter o smartphone de última geração, comer num restaurante, voar de avião, tirar férias no Brasil ou no exterior, comprar roupas de marcas famosas, carro do ano, ter plano de saúde, dentre outros bens de consumo acessíveis as classes trabalhadoras medias ou baixas, não quer dizer que estes indivíduos pertencentes e estas classes sociais se tornaram burgueses.

Para alguém ou um grupo serem denominados de burgueses, eles precisam ter um papel definido no processo de produção, como ser os donos dos meios de produção (Grandes Fábricas, Bancos, Empresas de Multimídia e Redes Sociais, Financeiras, Shoppings, Grandes Redes de Hotéis e Lojas de Varejo, Proprietários de Grandes Hectares de Terras do Setor do Agronegócio, Especuladores da Bolsa de Valores Donos de Ações Milionárias, Herdeiros de Grandes Fortunas, Dentre Outros).

Sendo assim, ser um burguês, precisa-se primeiramente ser dono dos meios de produção é ter o poder de acessar coisas materiais que as classes trabalhadoras baixas e medias não conseguem consumir. E não me refiro a ter um carro do ano, fazer viagens de férias ao exterior parcelada de 12 vezes no cartão, estudar em escola particular, morar num apartamento alugado ou financiado em área nobre da cidade, ter plano de saúde, nem comprar roupas de marcas famosas. Me refiro a ter o próprio Helicóptero, Avião e Iate, ao apartamento próprio, casa nos Estados Unidos ou Europa, os filhos estudando em escolas exclusivas no Brasil ou no exterior nas melhores e mais caras instituições de ensino, a casa de praia na ilha particular, e claro, o quantitativo de capital acumulado nos Bancos e os patrimônios imobiliários milionários. Resumindo: você não se torna um burguês só porque comprou o Iphone mais moderno. Entendeu?

A burguesia ganha com a pobreza e com a desigualdade, pois ela até permite que as classes mais baixas consumam bens materiais, mas nunca deixará que estas classes sejam donas dos meios de produção. E é assim que a burguesia exerce seu poder simbólico principalmente sobre as classes médias, impondo uma ideologia conservadora e elitista de que pelo consumo terão destaque maior na sociedade, distanciando-se das classes trabalhadoras mais baixas. Ledo engano! Como sabemos as classes médias estão a um passo das classes trabalhadoras de baixa renda, e a mil passos das elites burguesas.

Ser um burguês de verdade em uma sociedade capitalista significa acumular riqueza em cima da exploração de outros trabalhadores, e não me refiro ao artista famoso do show business, um grande esportista, alguém que ganhou na Mega-Sena, ser um funcionário público do alto escalão, ou proprietário de um pequeno ou médio empreendimento, todos estes exemplos não fazem da pessoa um burguês. Estas pessoas até podem ter a mentalidade ou se comportarem como burgueses adquirindo e reproduzindo valores culturais ou ideológicos, mas, porém, todavia, não são burgueses.

Devido a nossa sociedade brasileira ser uma das mais desiguais do mundo, faz com que as classes mais baixas ao ver qualquer pessoa que consegue através do consumo adquirir bens de valor elevado, já caracteriza a pessoa como burguesa.

Relembrando: ser burguês é ter capital, ser dono dos meios de produção, ser rico através da exploração da força de trabalho na clara posição de domínio na luta de classes, e lógico, ter nas mãos o poder político de uma sociedade.

3) "Você é socialista comunista, mas vive no capitalismo, então doa tudo que você tem para os pobres".

> Vejamos quem disse isso de "doar tudo para os pobres: "Então Jesus o olhou com compaixão e lhe revelou: vai, vende tudo o que tens, entrega-o aos pobres e receberás um tesouro no céu; então, vem e segue-me!". -Marcos 10:21

É preciso deixar claro que em uma sociedade onde indivíduos se auto-intitulam socialistas ou comunistas não elimina o direito do indivíduo possuir bens que lhe são úteis. Essa afirmação de que socialista e comunista tem que doar seus bens materiais, não podem usar smartphone nem objetos de marcas famosas é uma falácia reproduzida por pessoas ignorantes ou de má fé. Quanto a doar tudo aos pobres, na verdade, estes próprios indivíduos deveriam saber que a filantropia é uma escolha do setor privado da sociedade. As opções pelas ações da esquerda sempre foram ao campo político e não filantrópico, ou seja, diz respeito a decisões de alcance coletivo, e, primeiramente, ao modo de governar e utilizar o Estado. No mais, quem pregava a doação dos seus bens aos pobres como já dito foi Jesus Cristo e não Karl Marx, logo, por uma questão de lógica, quem deveria fazer isso são os reacionários que se dizem cristãos.

A esquerda não defende a filantropia, que é uma escolha privada, possível apenas para quem já tem muito mais do que precisa. A filantropia se baseia numa relação de dependência entre o doador e o beneficiário. Às vezes o filantropo tira maior benefício para si deste ato, pois, adquire prestígio e influência (e em muitos casos, consegue esconder a sonegação de grandes somas de impostos, no Brasil há uma dezena de programas de televisão que usam a filantropia para lucrar sobre a desgraça alheia). Já a esquerda promove a solidariedade, que é a ajuda mútua entre iguais, e políticas públicas, ativas e coativas de redistribuição de renda.

> "Eu não acredito em caridade, eu acredito em solidariedade. Caridade é tão vertical: vai de cima pra baixo. Solidariedade é horizontal: respeita a outra pessoa e aprende com o outro. A maioria de nós tem muito o que aprender com as outras pessoas" - Eduardo Galeano

Para finalizar, caso você seja um cristão conservador e reprodutor desse discurso sem fundamento, referindo-se ao socialismo ou comunismo como um sistema o qual as pessoas fazem voto de pobreza. Considere-se um "cristão de Iphone". Talvez seja mais coerente você doar tudo que tem para os pobres conforme Jesus Cristo orientou... Certo?

4) Os socialistas querem acabar com a família partidarizando a escola?

Antes de responder à pergunta acima, é necessário escrever sobre o processo histórico/educacional do Brasil:

O período colonial brasileiro que envolve teoricamente até o período do império, foi baseado na grande propriedade e na mão-de-obra escrava, e contribuiu para o florescimento de uma sociedade altamente patriarcal caracterizada pela autoridade sem limite dos donos de terras. Uma sociedade latifundiária, escravocrata e aristocrática, sustentada por uma economia agrícola e rudimentar que não necessitava de pessoas letradas para governar, mas sim de uma massa iletrada e submissa. Cito o principal objetivo da Companhia de Jesus que era o de recrutar fiéis, como por exemplo, a conversão da população indígena à fé católica e sua passividade aos senhores brancos. "A educação superior na colônia era exclusivamente para os filhos dos aristocratas que quisessem ingressar na classe sacerdotal; os demais estudariam na Europa, na Universidade de Coimbra. Estes seriam os futuros letrados, os que voltariam ao Brasil para administrá-lo."

A igreja católica desde o ano 1549 se voltou para a educação da elite econômica, pois assim agindo, garantia para si lucros financeiros e a formação de futuros sacerdotes. Deste processo estava excluído o povo, por culpa da Companhia de Jesus, permanecendo o Brasil por muito tempo com uma educação voltada para a formação da elite dirigente. Este tipo de educação em muito se adequava ao momento e sobreviveu durante todo o período colonial, imperial e republicano, sem sofrer modificações estruturais em suas bases, porque reforçava o sistema sócio-político e econômico da época.

Somente no século XVIII surgia uma nova classe intermediária ligada ao comércio e concentrada na zona urbana, que se acentuou no século seguinte, passou a apresentar uma estratificação social mais complexa que a do período colonial. A pequena burguesia, classe emergente como foi denominada, desempenhou papel relevante, afirmando-se como classe reivindicadora e assim agiu sobre a educação escolarizada, frequentando a escola da mesma forma que a aristocracia, e também recebia uma educação de elite econômica. Havia uma contradição entre as classes que se tornou responsável por movimentos posteriores como por exemplo, a pequena burguesia que precisava compactuar com a classe dominante, pois era dela dependente, contudo, era influenciada pelas ideias europeias que contrariavam o pensamento aristocrata-rural. Esta contradição vai causar uma ruptura responsável, posteriormente, pela abolição dos escravos e pela Proclamação da República.

Para quem não conhece essa parte da história do Brasil, a relação entre católicos e os verdadeiros liberais do final do século XIX e início do século XX foi marcada pelo conflito entre a escola pública e a escola particular. A escola particular foi defendida pelos donos das escolas privadas e pela Igreja Católica, a qual afirmava que a escola pública não via seus alunos integralmente, limitando-se a desenvolver sua inteligência e outras caraterísticas ligadas ao conhecimento formal, ou seja, a escola pública "não educava". Somente a escola confessional estava apta a educar, ou seja, a desenvolver a inteligência e formar o caráter, a partir de uma filosofia integral de vida, inexistente na escola pública. Os "católicos" defendiam a subvenção pública às escolas particulares, o direito das famílias na formação integral de seus filhos e baseavam-se na doutrina católica, além de considerarem os defensores da escola pública como comunistas, portanto, inimigos de deus, da família e da pátria.

No Brasil as escolas religiosas sempre se dirigiram ou se interessaram predominantemente pela educação de elementos pertencentes a grupos privilegiados, contribuindo desta forma, para a conservação de tais privilégios. A democratização educacional no Brasil iniciou-se com a República e através da escola pública, sendo esta mais uma razão para a defesa deste tipo de escola.

Na sociedade capitalista, a educação é ela própria, um comércio, uma atividade lucrativa, ou seja, quem tem mais dinheiro estuda nas melhores e mais caras escolas. Nada mais partidário que isso, você não acha? Afinal, estas escolas da elite econômica não estão interessadas em educar futuros humanistas preocupados com as desigualdades sociais, pelo contrário, educam para serem competitivos e individualistas para servir o grande capital econômico e manter a ordem conservadora onde poucos continuam com muito e muitos continuam com pouco. Já os ditos esquerdistas não querem ideologizar a educação, mas torná-la um mecanismo de emancipação. Porém, enquanto vivermos sob a égide do capitalismo, essa não será a atribuição da educação, servirá apenas como ferramenta de alienação. Essa afirmação que as esquerdas doutrinam os alunos nas escolas é algo absurdo.

Qualquer tema que se aborde leva um juízo de valor do professor, e o mesmo não pode ser impedido de apresentar sua visão de mundo, mas mostrar aos estudantes outras referências para que eles entendam os debates e posições existentes em relação a determinado assunto, o que não significa doutrinação.

Atenção reacionários brasileiros de plantão!

Aprendam de uma vez por todas: cada estudante chega à escola com sua história, aprendizados, religião, cultura familiar. O que a escola faz é ensinar a refletir, a duvidar, a perguntar, a querer saber mais. Não existe isso do professor "doutrinar estudante". À medida que o estudante lê, pesquisa, escreve e se aprofunda, ele vai dando sentido para a história dele. Escola é o lugar de muitas opiniões de ouvir a do outro e formar a própria. Do contrário para a escola não poder ensinar nada que enfrente os valores da família do aluno, por exemplo, se um adolescente reclama ao professor que o pai ou um tio são machistas, racistas ou homofóbicos, o professor não poderia ensinar a Declaração dos Direitos Humanos aos seus alunos? Onde está a doutrinação marxista nesse ato do professor?

A escola precisa ser um ambiente atrativo para que crianças e jovens aprendam conceitos que irão lhes auxiliar a entender o mundo, como a discussão de gênero, pedofilia, sexualidade, racismo, homofobia, bullying e direitos humanos em geral. O que ajudará o estudante a entender o mundo ao seu redor, e tomar uma posição a respeito das diversas violências que produzimos e reproduzimos, causadoras de grande sofrimento às pessoas.

**ALERTANDO PAIS E RESPONSÁVEIS!
NÃO SÃO OS PROFESSORES QUE ESTÃO DOUTRINANDO OS JOVENS NAS ESCOLAS E UNIVERSIDADES. SÃO OS GURUS DA EXTREMA-DIREITA NAS REDES SOCIAIS. FIQUEM LIGADOS!**

Nenhum professor nas escolas está transformando crianças e adolescentes em socialistas. Não são os professores que induzem os jovens ao vício em Internet. Quem faz isso são os gurus ou youtubers charlatões da direita lacerdista ou extrema-direita que atualmente dominam as redes sociais. Os professores estão desvalorizados, desmotivados, abandonados à própria sorte e poucos são ouvidos pelos alunos mesmo dentro da sala de aula e pela classe política. Trabalham em turmas lotadas, sempre além da capacidade adequada para a aprendizagem; e frequentemente lidando com problemas básicos de infraestrutura nas escolas e interesse dos alunos pelos estudos. Por outro lado, dados do relatório 2018 Global Digital demonstram que, no Brasil, jovens passam em média, mais de nove horas por dia navegando na Internet, desperdiçando o dia ouvindo, lendo e reproduzindo barbaridades de charlatões da direita lacerdista e extrema-direita no Youtube, Facebook, Instagram e no Twitter.

A lógica das redes sociais já é bem conhecida: quanto mais escandalosa, agressiva ou sensacionalista a mensagem, maior o "engajamento". Deste modo, ao manipular as inseguranças de jovens solitários e ansiosos por símbolos de identidade e aceitação social, charlatões que lucram com a propaganda exibida em seus conteúdos instigam os ânimos de seu público para induzi-lo ao consumo frenético de suas produções. O termo "seguidor" não tem nada de inocente: esses gurus conhecem os princípios do marketing pessoal e sabem o que fazer para criar a sua marca e fidelizar os seus alienados,ou seja, transformá-los em fieis. Um dos truques é precisamente incitar os seus seguidores a ataques furiosos contra as esquerdas e a tudo que ela representa. Em troca, os gurus oferecem aos seus consumidores uma ilusão de fraternidade, uma ilusão forjada através da repetição contínua de um conjunto de símbolos e narrativas que os fiéis reproduzem para reafirmar a própria identidade enquanto "lutam" contra aqueles que o guru da extrema-direita define como "inimigos", como por exemplo os esquerdistas, socialistas e os comunistas.

Não é por acaso que os ataques dirigidos aos professores, escolas, aos intelectuais aos livros, jornalistas, a imprensa em geral, assim como aos cientistas e às universidades públicas tenham origem nesses ambientes tóxicos da internet: afinal, profissionais da educação, do conhecimento, da informação e da ciência são precisamente os antídotos a esse charlatanismo que intoxica a inteligência e as emoções de milhares de usuários.

Estes jovens estudantes convertidos em verdadeiros devotos, ávidos pela atenção do guru,não passam de haters inseguros, escondidos em avatares, se tornando massa de manobra gratuita ao se reunirem em verdadeiros exércitos de anônimos a serviço do mentor, desperdiçando longas horas de seus dias, que deveria ser dedicada a leitura de livros, aos estudos escolares ou universitários.

Como consequência, a inteligência de parte da atual geração está sendo corrompida pelo consumo de preconceitos grosseiros, disseminados por charlatões agressivos que distorcem o conhecimento e deformam a imaginação para garantir a fúria, as visualizações, o engajamento e os lucros pessoais. Esses agenciadores não estão interessados em estimular a criatividade, a curiosidade e a criticidade: o objetivo é apenas atrair usuários para o consumo de seus conteúdos.

Dica aos senhores Pais e Responsáveis que acreditam que os professores estão doutrinando seu filho ou filha a serem um revolucionário socialista ou comunista: que tal ir na escola dialogar com os professores? Que tal participar nas reuniões da escola para compreender a importância dos educadores nesse contexto? Professores sempre foram parceiros das famílias e nunca inimigos.

As famílias que se preocupam com a formação de seus filhos fariam melhor se confiassem nos professores e se unissem a eles na reflexão crítica sobre os gurus de redes sociais que propagam conteúdos obscuros que as crianças e jovens consomem o tempo todo na Internet. E não o contrário, como temos visto ao ameaçar a liberdade dos professores, deixando os charlatões digitais à vontade para corromper a inteligência dos estudantes, as novas gerações ficarão ainda mais vulneráveis à desinformação, à pseudociência e aos preconceitos grosseiros que contaminam as redes sociais.

A escola crítica e reflexiva é um dos espaços mais importantes de esclarecimento contra a desinformação das redes sociais. Não é por acaso que esses charlatões da direita e extrema-direita brasileira costumam odiar Paulo Freire, o educador que formulou a reflexão mais sofisticada sobre a necessidade dos alunos de se posicionarem como um sujeito crítico diante as informações que circulam nas mídias de comunicação.

5) Paulo Freire é um doutrinador marxista?

Primeiramente deixo claro que o método de ensino de Paulo Freire nunca foi aplicado em larga escala nas escolas públicas do Brasil. Nem nos governos de Lula e Dilma do PT.

O método de ensino nas escolas públicas sempre foi adotar a Pedagogia Tradicional, criada lá na França do século XVIII, e até os dias atuais é esse método que domina as escolas púbicas de todo o Brasil. Método este onde existe uma sala de aula com carteiras enfileiradas com o professor tratado como figura central que apenas transmite o conteúdo em aulas expositivas (teoria e exercícios sistematizados para a memorização das matérias), em que o aluno não deve ser questionador, resumindo-se apenas a um agente que deve ser preparado apenas para responder provas através de matérias ultrapassadas e desmotivantes.

Resumindo: PAULO FREIRE NÃO ESTÁ NO CURRÍCULO DAS ESCOLAS PÚBLICAS DO BRSIL. E nunca houve incentivo governamental para aplicação dos métodos de ensino de Paulo Freire, limitando-se a apenas alguns educadores que leram Paulo Freire e tentam através de esforços pessoais aplicar em sala de aula métodos de ensino do pedagogo, o que não é nenhuma ameaça de doutrinação marxista.

Se alguém pesquisar os métodos de ensino contidos na BNCC – Base Nacional Comum Curricular que é um documento usado pelo Ministério da Educação como uma cartilha para traçar métodos para o ensino brasileiro, este mesmo documento não cita Paulo Freire e seus métodos de ensino. Nem no ensino básico, fundamental e nem no ensino médio.

Se os métodos de ensino de Paulo Freire não se encontram nas Escolas Públicas, onde esse método se encontra?

O método Paulo Freire por incrível que pareça é aplicado nos colégios da elite econômica do Brasil, instituições estas que cobram mensalidades altíssimas para que alguém estude no colégio. São nestes colégios que o método de Paulo Freire é trabalhado, onde o professor como um colaborador, mostra ao aluno que ele (aluno) traz consigo uma gama de conhecimentos oriundos de suas experiências, incumbindo ao professor a tarefa de auxiliar na organização desses conhecimentos, relacionando os saberes trazidos pelo aluno com os saberes escolares. Assim, o aluno consegue participar mais ativamente do processo de aprendizagem; consequentemente, maior será a autonomia e maior será também a perspectiva de participação ativa na sociedade. Ou seja, todo discurso de neoliberais e neoconservadores referente ao educador Paulo Freire ser um doutrinador marxista, é justamente o contrário. É apenas uma estratégia da elite econômica conservadoras para a manutenção do cabresto nas escolas públicas, criando um discurso falacioso e baseado no medo para impedir que as escolas públicas venham a trabalhar com os métodos libertadores de Paulo Freire. A estratégia é desviar o foco do real problema, ou seja, sabemos que os insuficientes resultados nas escolas públicas são causados pelo pouco investimento em estrutura física e tecnológica das escolas, a baixa qualidade na formação e remuneração dos professores, tanto do ensino básico, fundamental e médio, demonstrando que o problema não se encontra na adoção de um método especifico.

Então porque será que demonizam tanto o Paulo Freire e o acusam de doutrinador Marxista?

Simples: porque a pedagogia dele provoca o senso crítico nos alunos, é uma educação voltada para que as pessoas tenham capacidade de pensar e refletir sobre a vida e os problemas ao seu redor. Na visão de Paulo Freire a educação deve ser capaz de promover a autoconfiança e toda ação educativa deve ser um ato contínuo de recriação e de ressignificação de significados enquanto condição de possibilidade para uma educação conscientizadora e libertadora, dentro de uma perspectiva contínua de diálogo e reflexão sobre a ação com o objetivo de ampliar a visão de mundo e a participação ativa do indivíduo em todas as esferas da vida em sociedade.

Deu para entender os motivos que fazem os reacionários brasileiros odiarem Paulo Freire e sua pedagogia libertadora?

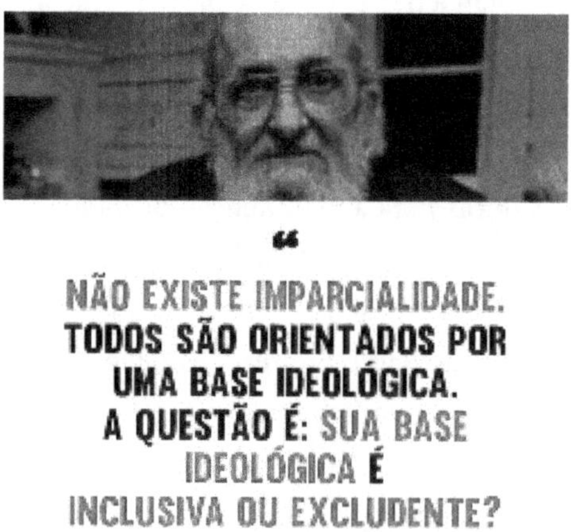

6) "Graças ao capitalismo, hoje vivemos melhor que os reis de antigamente"

Isso é uma comparação absurda! Comparar a pobreza em épocas diferentes é de uma infantilidade sem tamanho. Ou seja, a pobreza é relativa e não uma medida absoluta. Apesar de todo o avanço que proporcionaram à humanidade, a ciência e a tecnologia (as quais não são sinônimos de capitalismo, já que eles podem existir em qualquer outro sistema) não garantem às pessoas mais pobres uma melhor qualidade de vida do que reis do passado. "Reis de antigamente" não precisavam trabalhar, eles eram donos do seu tempo, o que no capitalismo é considerado luxo. Já trabalhadores de baixa renda, considerando que estejam num emprego formal, precisam trabalhar em média de 8 a 10 horas por dia, de segunda a sexta (quando não sábado e domingo) para ter um salário mínimo ou um pouco mais que isso. A desvantagem em relação aos reis de antigamente é absurda. Os monarcas viviam em segurança no seu reino, enquanto um trabalhador pobre no sistema capitalista está exposto à violência social e laboral. Reis viviam em castelos e palácios, enquanto trabalhadores menos favorecidos no sistema capitalista vivem em apartamentos ou casas minúsculas, ou em favelas. Reis não tinham obrigação de pagar contas, mas sim de cobrar dos mais pobres os impostos devidos ao reino, e não tinham que pagar prestação do castelo, caso contrário, o castelo seria tomado pelo banco. Enfim, podemos citar uma centena de fatores que se contrapõem a essa absurda comparação de que os trabalhadores do sistema capitalista vivem melhor que os reis de antigamente.

7. Por que só o nazismo é criminalizado e o comunismo não?

Para os consumidores de teorias da conspiração baseadas em leituras de livros de pouca credibilidade acadêmica como o "Livro Negro do Comunismo" ou algum folhetim revisionista do "Guia Politicamente Incorreto" de Leandro Narloch, é praxe acusar as experiências socialistas do século XX como responsáveis por mais mortes que o nazismo, e questionam o porquê o comunismo não é criminalizado e o nazismo sim.

A primeira indagação a ser feita diante dessa pergunta apresentada, seria o de questionar os dados apresentados, como por exemplo, onde estão as fontes que baseiam tal pergunta? Independentemente da sua opinião ou opção político partidária, cobre sempre fontes confiáveis, baseadas em livros ou documentos históricos.

Pois bem, caso o debate esteja amigável responda que o "comunismo" na sua raiz filosófica marxista, nunca matou ninguém porque as mortes causadas em países como a União Soviética ocorreram em um sistema que não aboliu o Estado. Ou seja, sem a abolição do Estado, não existe comunismo, logo não tem sentido algum chamar as experiências do dito "socialismo real soviético" de comunismo. Na verdade, tais regimes foram experiências socialistas, o qual pelo menos na teoria, seria transitório, objetivando a abolição do Estado para se chegar no comunismo.

Pois bem, se ambas ideologias provocaram mortes ao longo da história, por que apenas o nazismo é legalmente proibido?

A pergunta aparentemente faz sentido, mas há uma falha nesse argumento, ignorada pelas pessoas que pensam de forma binária: Por exemplo, as mortes no período que os formadores de opinião (neoliberais e neoconservadores) chamam de comunismo, aconteceram por vários motivos como a Guerra Civil na antiga URSS, conflitos entre adversários apoiadores do antigo Regime dos Czares, dentre outros conflitos internos.

Se levarmos esse raciocínio ao limite, o cristianismo, o judaísmo, o islamismo, o liberalismo, o neoliberalismo, o hinduísmo e muitos outros "ismos" também deveriam ser proibidos. Talvez sobrasse apenas o "nudismo". Todos os demais deixaram, ao longo da história, um número razoável de cadáveres.

Então por que apenas o nazismo é proibido?

A diferença está nas ideias, a doutrina nazista é genocida na sua essência, e ela trabalha com a noção de guerra racial onde apenas uma raça pode existir na humanidade, a raça ariana. O nazismo emergiu, na década de 1920, como resposta à destruição legada pela Primeira Guerra Mundial. Ele é filho da guerra e prega a guerra como a solução, visando o extermínio do diferente, no caso o não branco "caucasiano". A proposta de Hitler e companhia para salvar o povo alemão seria a majoração dos arianos, a submissão e a aniquilação dos outros grupos étnicos. Isso é, a grosso modo, o nazismo é uma ideologia que prega a sobrevivência pela guerra. Para um grupo viver, outros devem morrer, a limpeza étnica, portanto, é o resultado natural de tal fundamentação.

O mesmo não ocorreu com o "comunismo" soviético ou chinês. O "comunismo" apontado como genocida foi uma resposta às contradições do capitalismo e o resultado do desejo por uma sociedade mais justa. Se, como dizem, Stalin matou mais do que Hitler, tais mortes aconteceram no desenrolar das disputas políticas internas dentro da antiga URSS. Nunca na história do "comunismo" chinês ou soviético, foi objetivo dos líderes de tais regimes extinguir outras raças dentro ou fora do país, para impor uma raça única superior, como foi no caso no nazismo.

É possível criticar as experiências socialistas do século XX ou o stalinismo, porém, comparar tais regimes com o nazismo é uma burrice sem tamanho. Até porque não podemos comparar o cristianismo como sinônimo de Santa Inquisição. Deus disse: "crescei e multiplicai-vos", não crescei e "queimai" as bruxas ou os hereges... Entendeu?

Um nazista é sempre um sujeito racista e um genocida em potencial. As raízes do holocausto estão na gênese da ideologia. E foi dessa contestação que ele construiu sua visão política. O nazismo é a solução para um problema racista, contra a mistura racial que degeneraria a nação ariana. Portanto, não há outro caminho a não ser o extermínio das "raças inferiores".

Enquanto o socialismo ou comunismo são filhos da esperança e do desejo por um mundo mais justo, o nazismo é resultado do impulso destruidor e do ódio. As diferenças, portanto, são abissais. Elas, porém, nunca serão entendidas olhando para a contabilidade fria dos números de cadáveres. Deu para entender?

Concluindo: a diferença está na essência das ideologias. A ideologia nazista é essencialmente genocida, pois prega a superioridade de um grupo social sobre os demais baseando-se tão somente em características étnico-raciais. O desprezo e assassinato em massa das raças consideradas inferiores está na raiz da ideologia nazista e por isso ela é proibida. Já a ideologia comunista prega a retomada dos meios de produção pelos trabalhadores, uma vez que são alienados de sua mais-valia pela elite econômica dominante.

As experiências socialistas do século XX, ainda que possam ter sido desvirtuados em algum momento, sempre lutaram pela igualdade entre os povos. E essa é uma realidade que não pode ser criminalizada. As mortes que ocorreram durante o regime

Stalinista foram causadas por diversos fatores. Stalin jamais determinou a morte de povos baseando-se em sua etnia. Os presos na URSS foram em grande parte os detentores de riquezas e nobres, que jamais perderam a chance de massacrar o povo Russo em benefício próprio, e não abriram mão do poder quando a Revolução Russa chegou. Assim como na revolução Francesa, onde Maria Antonieta (aquela monarca da famosa frase "Se não têm pão, comam brioches") e sua família foram mortos pelo povo que passava fome, a Revolução Russa também matou seus monarcas, e não porque eram brancos, negros, ciganos, homossexuais ou judeus, mas sim porque massacravam a população e escolheram não abrir mão de seu poder e privilégios.

8. Che Guevara e Fidel Castro perseguiam, prendiam e matavam homossexuais?

Vamos a um breve histórico:

Primariamente, em 1960 o mundo inteiro era patriarcal e homofóbico, tanto os países desenvolvidos como os subdesenvolvidos, principalmente onde a religião católica era dominante e estavam estabelecidos os códigos culturais da relação homem/mulher. No início dos anos 1960, a sociedade cubana ainda era o reflexo de sua herança cultural espanhola e tinha uma cultura "homoerótica", patriarcal e, portanto, homofóbica.

A homofobia institucionalizada dos primeiros anos da Revolução Cubana refletia essa realidade patriarcal e estava em consonância com a cultura da época. Zombar dos homossexuais era algo normal, assim como depreciá-los, e discriminá-los no mercado de trabalho, em sua vida pessoal. No pós-revolução, como todos os cubanos deveriam participar na defesa do país, grupos marginais, como os hippies, por exemplo, e os filhos da burguesia que haviam se acostumado com uma vida de ócio e não trabalhavam, pois tinham recursos, tiveram que se integrar às UMAPs - Unidades Militares de Ajuda à Produção, bem como outros grupos que não se sentiam comprometidos com o processo de transformação social iniciado em 1959 e preferiam um papel de observador, tinham que se integrar e trabalhar nas fábricas ou na agricultura.

As UMAPs foram criadas para apoiar os processos de produção agrícola e industrial em Cuba, mas a realidade foi outra. O Ministério do Interior Cubano tinha a tarefa de identificar grupos marginalizados e integrá-los à força, pois o serviço era obrigatório. Essas pessoas não tinham uma boa imagem na sociedade cubana, que os rechaçava por sua falta de comprometimento na construção da nova nação revolucionária, e os considerava parasitas. Essas UMAPs foram criadas em 1965 como locais para o cumprimento do serviço obrigatório para os que não estivessem em Unidades Militares Regulares ou estudando em Centros Militares de Ensino Tecnológico. A moral do trabalho era ensinada nessas unidades, aproveitando a mão-de-obra dos jovens nas plantações de cana. Essas unidades duraram apenas até 1967, mas receberam entre 30 a 40 mil jovens.

Nos anos 1960, o preconceito contra os homossexuais era geral. A Revolução defendia que todo mundo tinha seus direitos, mas ela aceitava o senso comum de que a homossexualidade era um desvio, algo próximo de uma doença. Por isso, a homossexualidade não foi criminalizada, como se costuma dizer, mas sim, houve trabalhos de "conscientização", de "orientação psicológica" que, hoje sabemos, não são eficazes, pois à homossexualidade não cabe cura por não ser uma doença. Assim, o problema dos homossexuais foi piorado pela má postura do Estado em deixar passar atos de preconceito da sociedade contra eles, que continuou a ocorrer mesmo após a Revolução de 1959. As leis a partir da década de 1970 tornaram-se severas para quem praticasse atos homofóbicos.

Não resta a menor dúvida de que o processo de criação e de funcionamento das UMAPs foi arbitrário. Por isso, essas unidades foram fechadas definitivamente dois anos depois de sua criação no ano de 1967. Mas vale lembrar, a situação dos homossexuais no resto do mundo era similar, às vezes piores. Isso, evidentemente, não justifica em nada as discriminações das quais os homossexuais foram vítimas em Cuba.

Vale lembrar que a homofobia em Cuba não começa com a Revolução em 1959. Esse fato refletia posições daquele tempo do machismo secular latino-americano, do peso da colonização espanhola, da influência religiosa católica em Cuba, que são questões que merecem ser refletidas e aprofundadas. Ainda que tudo isso conte, nada disso, contudo, pode apagar a homofobia institucionalizada pelo regime cubano sob comando de Fidel Castro.

9. Fidel décadas depois, pediu desculpas públicas pela política que causou sofrimento em tantos homossexuais.

Atualmente, Mariela Castro Espín, sobrinha de Fidel Castro conseguiu se libertar da herança familiar. Filha de Raúl Castro, Mariela ganhou reconhecimento internacional não graças ao sobrenome, mas sim pela ação a favor do direito à diversidade sexual. Licenciada em Psicologia e Pedagogia, com mestrado em sexualidade, Mariela tornou sua a causa de homossexuais, bissexuais, lésbicas e transexuais e possibilitou que essas comunidades saíssem da marginalidade na qual foram colocadas pela sociedade, como diretora do Centro de Educação Sexual (Cenesex) cubano, cuja atuação tem sido coroada com êxitos.

Desde 2007 o Dia Contra a Homofobia em Cuba é celebrado em 17 de maio. O Estado se encarrega gratuitamente das operações de mudança de sexo. A homofobia diminuiu de forma sensível, apesar de persistir em alguns setores. Finalmente, importantes instituições, como o Partido Comunista de Cuba ou o Ministério da Cultura, são agora aliados de primeira ordem na luta pelos direitos de todos. Vale lembrar que a Constituição de 1976 já punia a discriminação sexual. Claro que o preconceito ainda persiste na Ilha, infelizmente, leva tempo até que a mentalidade de um povo mude por completo, ainda mais em se tratando da preconceituosa e machista mentalidade caribenha colonizada pelos espanhóis cristãos. De qualquer modo, há avanços, e felizmente não há, em Cuba, casos de assassinatos em razão de orientação sexual como em outros tantos países da América Latina, inclusive o Brasil que é apontado como o país que mais mata homossexuais em todo mundo.

Desfile da Parada Gay em Havana - Cuba comemorado em 17 de maio

Referente a perseguição contra homossexuais, vale lembrar do conhecido caso do matemático britânico Alan Mathison Turing, nascido em Londres e formado nas universidades Cambridge e Princeton, reconhecido como pioneiro na teoria da computação. Durante a II Grande Guerra (1939-1945), trabalhou como criptógrafo para o serviço de espionagem do British Foreign Office, na Government Code and Cypher School, em Buckinghamshire. Terminada a guerra, juntou-se ao National Physical Laboratory para desenvolver um computador totalmente inglês que seria chamado de Automatic computing engine, o ACE. Por sua reconhecida homossexualidade foi preso pelo governo da Inglaterra como indecente no ano de 1952, sendo obrigado a se submeter à psicanálise e a tratamentos que visavam sua cura. Tragicamente suicidou-se em Manchester, durante uma crise de depressão, numa provável reação aos tratamentos médicos forçados, comendo uma maçã envenenada com cianureto de potássio, aos 41 anos (1954).

9. As esquerdas são contra o empreendedorismo?

Para as esquerdas o sistema capitalista é caracterizado pelo individualismo e pela competição, e o incentivo ao empreendedorismo neste sistema não passa de uma ação de sobrevivência motivada pela diminuição do Estado e de direitos trabalhistas. O desespero por empreender leva a longas jornadas, péssimas condições de trabalho, pouquíssimos direitos assegurados e insegurança sobre o futuro. Essas são apenas algumas dificuldades apontadas por trabalhadores informais que vivem sob a ótica do "incentivo empreendedor".

> "João se mantém ativo aos 70 anos, trabalha p/ ter renda extra."
>
> "Ana, mãe exemplar, tem 3 empregos p/ manter os filhos."
>
> "José, aos 8 anos, caminha 8km p/dia, faça chuva, faça sol, p/ ir à escola."
>
> E assim, romantiza-se a desigualdade. Vendendo-a como superação.

Esse discurso do empreendedorismo é uma velha estratégia do grande capital econômico para não ter concorrentes junto ao Estado e a não responsabilidade sobre políticas públicas de emprego e renda (direitos dos trabalhadores), ou seja, para que sobre mais dinheiro púbico para atender os privilégios do grande capital. Como é regra nos períodos de crise do capitalismo, a informalidade se torna a única opção para o trabalhador ganhar seu dinheiro. As pessoas fazem um monte de coisa ao mesmo tempo para garantir a sobrevivência.

Com o aumento do trabalho informal, os trabalhadores, desamparados por uma lei trabalhista, criam suas próprias muitas vezes precárias formas de organização coletiva. Entretanto, como a maioria das categorias não conseguem uma forma sólida de organização e mobilização, a informalidade estimula o individualismo. Sendo que as dificuldades de uma categoria devem ser enfrentadas coletivamente para serem superadas.

Não romantize o trabalho precário gerado pela crise econômica.

Em um modelo político/econômico socialista marxista, exige-se que as articulações dos sindicatos que representem os trabalhadores informais sejam fortalecidas. Isso mostra uma necessidade de os sindicatos criarem esse debate para incluir os informais nas suas formas de atuação com educação política visando o coletivo dos trabalhadores da área.

Para finalizar alertando a militância das esquerdas para desconstruir perante a massa trabalhadora, algumas palavras que somente servem de dominação simbólica das elites sobre a classe trabalhadora, e são elas:

- **Empreendedorismo** que é o mesmo que "**viver de bico**";
- **Trabalho informal** que é o mesmo que **subemprego**;
- **Flexibilização** que é o mesmo que **fim dos direitos trabalhistas.**

Mudam as palavras para que retrocessos sejam entendidos como um "progresso". Politizem as massas para não caírem nessa falácia!

10) E as falácias continuam: taxação de grandes fortunas.

Como já descrevi no início deste capitulo: é importante deixar claro que socialismo não tem nada a ver com taxação das grandes fortunas para diminuir as desigualdades sociais. Pelo contrário, na história da humanidade sempre foi comum governos conservadores adotarem políticas de taxar grandes fortunas. O exemplo mais claro é o caso dos EUA onde o imposto sobre (herança), alíquota média para os ricos são de 29% e no Brasil, a alíquota máxima do imposto sobre herança, o ITCMD (Imposto sobre Transmissão Causa Mortis e Doação), de competência estadual, é de 8%. Mas a média cobrada é menor, de 4%.

Resumindo: TAXAR GRANDES FORTUNAS É POLÍTICA PADRÃO EM GOVERNOS LIBERAIS OU CONSERVADORES.

11) "O capitalismo é o melhor sistema de todos".

Entramos em um período muito particular da história da humanidade neste século XXI ano de 2020, onde tudo que foi prometido (no plano econômico e social), principalmente após a Revolução Industrial, vem sendo negado para a maior parte da população mundial. Quem manda ainda é o grande capital econômico, principalmente os grandes bancos, as grandes corporações e os grandes acionistas do mercado financeiro. Tivemos esse exemplo bem visível na crise econômica de 2008 que quebrou os EUA e em consequência afetou drasticamente as economias pelo mundo todo, na ocasião, o governo norte-americano priorizou socorrer os bancos e seguradoras com bilhões de dólares de dinheiro público visando não afundar ainda mais o país na crise. Ou seja, crises econômicas sempre foram e vão ser muito rentáveis para os banqueiros e acionistas milionários.

Só para ter uma ideia, no caso do Lehman Brothers, que sempre usou a máxima dos governos e do mercado "muito grande para quebrar" foi abandonada. Fundado em 1850, o quarto maior banco de investimentos dos EUA pediu falência, afundando as bolsas de valores de todo o mundo e disparando o alarme sobre o tamanho da crise global. Já a American International Group - AIG, gigante americana da área de seguros, recebeu dois dias depois um socorro de US$ 85 bilhões. No total, o plano de ajuda ao sistema financeiro, anunciado pelo governo Bush, ultrapassava US$ 2,6 trilhão. Tudo dinheiro do contribuinte dos Estados Unidos.

O grande capital financeiro através da chantagem de lobistas que financiam a campanha da maioria dos políticos, impõe a agenda a ser praticada em momentos de crise, e vão optar por socorrer financeiramente os bancos do que manter os programas sociais ou distribuição de renda em prol da massa pobre da população. E essa ação covarde e desumana do grande capital econômico que as esquerdas no Brasil, precisam combater urgentemente! Ou seja, para uma esquerda comprometida com a massa da população mais pobre, em momentos de crise econômica causadas sempre pelo capitalismo especulativo e irresponsável, se ajuda primeiramente os mais pobres e a classe média baixa, que sempre são os mais prejudicados e depois os mais ricos. Isso deve ser uma regra.

Que fique claro que historicamente qualquer ação governamental que tentou privilegiar a grande massa pobre da população, em detrimento das vontades e interesses dos grandes bancos ou acionistas, a retaliação da elite econômica e midiática foram impiedosas com tal governo ou classe política. E daí que surgiram os golpes militares e políticos, ocorridos principalmente em países da América do Sul e América Central.

Como um modelo de gestão responsável em tempos de crise, vou citar o caso da Islândia que foi um dos primeiros países atingidos pela crise econômica de 2008. A Islândia decidiu que o dinheiro público que indenizaria bancos seria objeto de plebiscito. O resultado foi o apoio maciço ao calote. Mesmo sabendo dos riscos de tal decisão, o povo islandês preferiu realizar um princípio básico da soberania popular. Se a conta vai para a população, é ela quem deve decidir o que fazer, e não um conjunto de tecnocratas que terão seus empregos garantidos nos bancos, tampouco parlamentares cujas campanhas são financiadas por esses bancos. Como disse o ex-presidente islandês, Ólafur Regnar Grímsson, "a Islândia é uma democracia, não um sistema financeiro, ou seja, quem paga a orquestra escolhe a música".

Essa atitude da Islândia deve ser regra em todo o mundo em momentos de crise.

O exemplo acima é perfeitamente aplicável no Brasil caso as esquerdas voltem ao poder executivo federal, ou seja, a regra é clara: o povo mais pobre e a classe média baixa sempre em primeiro lugar!

Aí você deve se perguntar: mas como assim um país capitalista de livre mercado e rico como os EUA em momentos de crise econômica, tira dinheiro dos mais pobres para ajudar os mais ricos?

A resposta está no perigoso **SISTEMA CAPITALISTA ESPECULATIVO** que precisa ser combatido em todo o mundo, conforme veremos abaixo:

Primeiramente vale lembrar que o sistema capitalista deixou de ser há muito tempo **UM SISTEMA PRODUTIVO PARA SER UM SISTEMA ESPECULATIVO**, ou seja, um capitalismo de apostas e especulações, em resumo: um sistema de ganho de dinheiro fácil para as elites econômicas rentistas, onde "crises econômicas" trazem consigo políticas de austeridade, de contenção de gastos que no final só afeta diretamente as classes mais pobres da sociedade com a promessa que "são medidas necessárias para retomar o crescimento econômico"... Pura mentira! Essas medidas são nada mais que planos ideológicos das elites econômicas para manter seu poder na sociedade, preservando o que durante séculos foi construído através de muito sangue das mãos dos excluídos que atualmente no século XXI ainda são a maior parte da população mundial.

Deixo claro que o grande capital financeiro especulativo é o inimigo n.º1 de qualquer alternativa de justiça social e distribuição de renda aos mais pobres, e precisa ser combatido com regularização firme de qualquer governo que queira tirar a grande massa da sua população da linha da extrema pobreza, oferecendo oportunidades que vão desde o saneamento básico digno, moradia, educação e saúde de qualidade para que todos possam lutar em igualdade com aqueles que já nasceram financeiramente confortáveis.

Durante décadas o capitalismo especulativo do século XX em especial o neoliberal, afirmou veemente que o Estado com o mínimo de regulação estatal traz liberdade e segurança para investimentos privados e geração de empregos de qualidade que não exploram os trabalhadores. Será verdade?

As ciências sociais e do comportamento humano ensinam que existem inúmeros modos de viver em sociedade, dos mais tranquilos e igualitários aos mais urbanos e desiguais. Além disso, a hegemonia atual do capitalismo chega ao ponto de fazê-lo aparentar ser a única ordem socioeconômica humana possível justamente porque ele se ocupa em destruir, reprimir e desencorajar violentamente modelos não capitalistas de sociedade. Por trás da máscara da "liberdade de consumo e felicidade", existe uma ordem de coisas na qual a maioria das pessoas, ou seja, os trabalhadores são obrigados a vender sua força de trabalho a empresas cuja estrutura organizacional é fortemente hierarquizada, fazendo deste trabalhador um produto descartável sob pressão de ameaças de uma possível demissão, caso queira subverter a ordem capitalista que está inserido.

Vamos aos dados da pesquisa a seguir referente ao nível de satisfação dos indivíduos no sistema de trabalho capitalista:

- Pesquisa do Gallup de 2013 revelou que 87% dos trabalhadores de todo o mundo odeia ou não gostam dos trabalhos que exercem;
- O mesmo Gallup, em 2014, afirmou que cerca de 68% dos trabalhadores dos Estados Unidos ou detestam, ou não veem graça nenhuma no seu emprego.

A pesquisa Gallup 2013/2014 mostra que 51% dos trabalhadores estão em busca de uma nova oportunidade. Por causa da falta engajamento e motivação as pessoas não estão se sentindo valorizada como deveriam. Dados da pesquisa mostram que os nascidos entre as décadas de 1980 e 1990 estão recebendo menos dinheiro que as gerações passadas e o salário também pesa nessa insatisfação.

No ano de 2017, a divulgação do relatório mensal de emprego nos Estados Unidos (Gallup: Emprego x felicidade) diz que os trabalhadores estão infelizes, desmotivados e sem engajamento com o serviço que prestam. Uma nova pesquisa do instituto Gallup revelou que 51% da força de trabalho americana está em busca de novas oportunidades.

Por que as pessoas estão tão insatisfeitas com o emprego nos Estados Unidos?

O que está ocorrendo é uma grande mudança em termos de expectativas em relação ao que as pessoas "querem" do trabalho que elas fazem. Essa nova geração de trabalhadores quer um trabalho com propósito, eles não querem só um emprego, eles querem uma carreira. A busca por crescimento profissional é a principal razão pela qual as pessoas estão mudando a busca e a troca de emprego nos EUA. Porém, com a crise no mercado de trabalho causado pela pandemia de coronavírus em 2020, o povo estadunidense encontra-se desesperado aceitando qualquer trabalho, e os que possuem trabalho fixo, estão se apegando com todas as forças no emprego.

Com os dados apresentados na pesquisa Gallup, convido você caro leitor ou leitora para fazer a seguinte reflexão:
Eu estou satisfeito ou satisfeita com o meu emprego?
Se eu pudesse eu trocaria de emprego?
Caso eu tenha condições de trabalhar em uma outra função que mais me agrada, o que está me impedindo de começar algo novo?

Como foi explicado no início deste capítulo, o sistema capitalista mudou o foco em que baseia seu mecanismo de ação e deixou de ser UM SISTEMA PRODUTIVO PARA SER UM SISTEMA ESPECULATIVO, ou seja, um capitalismo de apostas e especulações e rentismo. Em resumo: um sistema de ganho de dinheiro fácil para as elites econômicas que morrem de medo de qualquer mudança que venha abalar seus privilégios e poder, como por exemplo, o socialismo ou o comunismo como estão construídos na sua essência marxista.

Lembrando que o Brasil nos últimos 10 anos vem se desindustrializando de forma rápida, o que faz os donos do grande capital especulativo não reinvestirem seus lucros na geração de empregos para desenvolver a economia do país. Uma série de políticas econômicas equivocadas, trouxe insegurança jurídica para o grande empresário nacional e internacional realizarem investimentos no Brasil, ou seja, esse risco faz o grande capital investir seu lucro no rentismo que é muito mais seguro.

Deixo claro que o **capitalismo produtivo** não é sinônimo de um sistema mais justo. Precisamos combater também o sistema econômico capitalista hierarquizado, sendo este sistema causador de grandes abismos sociais. Caso você não saiba, é justamente esse sistema hierarquizado que separa ideologicamente indivíduos da direita com os da esquerda: a direita segue defendendo uma sociedade hierarquizada e vertical, muitos destes indivíduos têm na prática a negação da política e a farsa da meritocracia. Já a esquerda tem uma visão mais igualitária de mundo e não defende uma sociedade hierarquizada de poder vertical, mas sim, uma sociedade mais horizontal com mais justiça social. Só isso já diz muita coisa sobre as diferenças comportamentais entre indivíduos de ideologia de esquerda com indivíduos de ideologia de direita.

O SOCIALISMO NÃO SIGNIFICA TIRAR A RIQUEZA DE QUEM TRABALHA DURO E TRANSFERI-LA PARA QUEM NÃO TRABALHA...
O NOME DISSO É CAPITALISMO.

PARTE 2
A origem do Ódio e a autocrítica

A origem do ódio contra as esquerdas

No início do século XIX o "liberalismo" no Brasil se apresentava ditando palavras bonitas, como "liberdade" e "autonomia", o que na verdade era simplesmente uma reação ao Estado nascente e a sua necessidade de impor a lei e proteger os mais frágeis do abuso de poder sob a forma da força ou do dinheiro imposto pelos liberais da época que não passavam de conservadores escravocratas com medo de perder o comando que sempre tiveram por séculos no Brasil.

Como dito acima nem tudo que reluzia era ouro: o ideal de dominação política dos liberais no século XIX não significou liberar o poder local das amarras do Estado, mas sim usar a máquina do Estado para os seus interesses privados. Infelizmente a "liberdade" que o "liberalismo brasileiro" sempre defendeu foi a liberdade de saquear a sociedade, explorando o trabalho coletivo e as riquezas nacionais.

Vale lembrar que esses "liberais" viram no moralismo conservador da nascente classe média urbana da época uma presa fácil para a manipular ideologicamente. Porém, o que estava em jogo era justamente a captura desta classe média, formando uma aliança de classe dominante contra o Estado que marcaria o Brasil daí em diante com a criação da grande imprensa burguesa a partir dos anos 1920 e 1930 passando a influenciar a vida social, política e cultural do país.

Não esquecendo que a classe média brasileira sempre foi, desde meados do século XX, a tropa de choque das elites. É preciso compreender, no entanto, como isso se tornou possível com o uso sistemático da inteligência manipulativa da grande imprensa que a veicula em proveito dos interesses das elites econômicas. Para entendermos como isso se deu, teremos que compreender como essa grande imprensa atua contra os interesses dos mais pobres. Afinal, é lá (através de programas de TV e do telejornalismo) que a classe média é colonizada pelos interesses do dinheiro e da não consciência de classe. O domínio da elite econômica sobre a classe média é simbólico e pressupõe superioridade sobre as classes populares, baseando-se na repressão e na violência material.

E como se dá essa dominação simbólica?

Ao contrário do pensamento liberal europeu que pregava justiça social aos mais pobres, o início do pensamento liberal no Brasil foi elitista é reacionário. Ou seja, no início da dominação simbólica do pensamento liberal brasileiro, além de ser a forma dominante de produzir mercadorias materiais, como carne, queijo e roupas, o liberalismo também passa a ser a forma dominante da produção de mercadorias simbólicas, como a informação e o conhecimento.

Foi nesse contexto durante a primeira metade do século XX, que conservadores e liberais brasileiros iniciaram sua caça ideológica destrutiva as esquerdas no Brasil. No período entre 1936 e 1948, o Partido Comunista do Brasil (PCB), ganhou força e, ao mesmo tempo sofreu fortes perseguições. Com o crescimento do Partido Comunista Brasileiro (PCB) nos anos 1930, através da adesão do popular líder "tenentista" Luiz Carlos Prestes e à formação da Aliança Nacional Libertadora (ANL)[1], o anticomunismo começou a ganhar maior força na mesma medida em que se dava o processo de expansão da influência do Partido Comunista.

Na Constituinte de 1946, os comunistas do PCB formavam uma bancada respeitável, com um senador Luís Carlos Prestes e 14 deputados federais. Entre esses deputados estava Carlos Marighella, que se tornaria mundialmente conhecido por sua guerrilha urbana. No mesmo ano em 1946 com uma briga política

---

1 Aliança Nacional Libertadora (ANL): Organização política de âmbito nacional fundada oficialmente em março de 1935 com o objetivo de combater o fascismo o imperialismo e o avanço do nazi-fascismo em reação ao crescimento da Ação Integralista Brasileira (AIB) de cunho fascista. A ANL formou-se por pequenas frentes antifascistas que reuniam comunistas, socialistas e antigos "tenentes" insatisfeitos com a aproximação entre o governo de Getúlio Vargas e os grupos oligárquicos afastados do poder em 1930. À medida que a ANL crescia, aumentava a tensão política no país, com frequentes conflitos de rua entre comunistas e integralistas.

Na ilegalidade, a ANL não podia mais realizar grandes manifestações públicas e perdeu o contato com a massa popular que com ela se entusiasmava. Ganharam então força em seu interior os membros do Partido Comunista e os "tenentes" dispostos a deflagrar um levante armado para depor o governo Vargas. Em novembro de 1935 estourou em Natal (RN) um levante militar em nome da ANL. Em seguida ao movimento em Natal, que obteve apoio popular e chegou a assumir o controle da cidade por quatro dias, foram deflagrados levantes em Recife e no Rio de Janeiro. O governo federal não teve dificuldade para dominar a situação, iniciando logo a seguir intensa repressão contra os mais variados grupos de oposição atuantes no país, vinculados ou não ao levante. A ANL, alvo principal dessa onda repressiva, foi inteiramente desarticulada.

que se estendeu por duas décadas entre os três partidos dominantes da chamada Terceira República (1946-1964), incendiada pela União Democrática Nacional (UDN) do jornalista político Carlos Lacerda. Os udenistas, derrotados nas urnas por Getúlio Vargas em 1950 e depois por Juscelino Kubistchek em 1955, faziam uma guerrilha com notícias falsas e editoriais falando sobre o risco iminente de o país virar comunista sem base nenhuma na realidade. O fracasso nas urnas foi transformando a UDN em uma organização golpista.

Em maio de 1947, a justiça declarou ilegal a existência do PCB e os mandatos dos comunistas foram cassados. Como descrito anteriormente, ao longo da Terceira República (1946-1964), eram três os partidos dominantes:

1. O Partido Trabalhista Brasileiro (PTB), partido de Getúlio Vargas e Joao Goulart, que ocupava a porção à esquerda do espectro político;
2. O Partido Social Democrático (PSD), partido centrista, que abrigava Eurico Gaspar Dutra e Juscelino Kubitschek;
3. União Democrática Nacional (UDN), partido de viés mais conservador, cujo ponto central era o ódio a Vargas.

A UDN era o partido favorito da elite econômica, grande imprensa, de setores da classe média nacional. Só não era o partido favorito dos eleitores. O fracasso nas urnas foi transformando a UDN em uma organização golpista.

Às vésperas das eleições vencidas por Getúlio Vargas em 1950, o jornal do udenista Carlos Lacerda, uma das grandes figuras do partido, publicava declarações afirmando "o governo tem conhecimento de um vasto plano subversivo organizado pelos comunistas, cuja eclosão se daria ao mesmo tempo em todo o território nacional". Apelava-se para o medo, plantava-se a semente da paranoia. Mas, Getúlio saiu-se vitorioso com 48,5% dos votos. Quando a derrota ficou evidente, a UDN optou por não reconhecer o resultado. O jornal de Lacerda trazia em letras garrafais "Getúlio não foi eleito legalmente". Como Vargas não obteve mais de 50% dos votos. O Golpista Carlos Lacerda passou a insistir na tese de que a maioria do eleitorado rejeitava Vergas. A UDN tentou na Justiça barrar a posse de Vargas, pois não adiantou legalmente, ainda que tenha feito um governo conservador, Vargas politicamente não pôde governar. Em 1954, em meio às denúncias de orquestrar um plano secreto junto com o Presidente Perón da Argentina e de corrupção no Banco do Brasil, a UDN pede seu impeachment, que é rejeitado no Congresso. Porém, Vargas é instado pela cúpula militar a renunciar à presidência. Naquela noite, mata-se com um tiro no peito.

Aos se aproximarem as eleições de 1955, temendo a derrota, a UDN volta a pregar o Golpe, denunciando Juscelino Kubistchek, acusando-o de corrupto. Com a chapa Juscelino Kubistchek e João Goulart eleita, a UDN tenta outro Golpe na justiça.

JK consegue tomar posse e chegar ao final de seu governo, feito raro para a época. Nas eleições de 1960, a UDN decide apoiar Jânio Quadros, fenômeno político e então governador de São Paulo, mas que não fazia parte do partido. Jânio, porém, renuncia à Presidência em agosto de 1961, jogando o país no caos. É nesse cenário que João Goulart (PTB), seu vice, torna-se presidente. Iria se tornar, na verdade, pois é declarado persona non grata para a segurança nacional por parte do Congresso, que se articula para impedir que o herdeiro de Getúlio Vargas tome posse. Setores civis e militares quiseram impedir o cumprimento do texto constitucional. Havia o que se chamava de "veto militar" ao nome de Goulart.

No Rio Grande do Sul, começava a campanha pela legalidade, liderada por Leonel Brizola. Entre os legalistas, estavam o chefe do Exército naquela região, o general Machado Lopes. Na época circula a notícia que o II Exército, com sede em São Paulo, se encaminharia para o sul do país, de forma a desbaratar a resistência, com isso a ameaça passa a ser não de um golpe civil-militar, mas de guerra civil. O Jornal do Brasil em editorial afirmava "a expressão guerra civil é a única que cabe para definir o que pode acontecer, a qualquer momento, no Brasil". Até o *The New York Times* alertava "os oficiais do Exército brasileiro, que desafiaram sua Constituição e a vontade dos eleitores ao se recusarem a deixar João Goulart assumir a presidência, trouxeram seu país à iminência de uma guerra civil". O meio-termo encontrado foi deixar João Goulart assumir, mas castrado dos poderes presidenciais, graças a um parlamentarismo de ocasião e voltavam-se a utilizar as velhas armas contra João Goulart: uma suposta conspiração internacional de caráter peronista, as supostas tendências comunistas e as alegações de corrupção. O golpe ocorreu quase sem resistência, pois resistência não havia. A suposta guerrilha de João Goulart, o suposto armamento em posse das Ligas Camponesas (o MST da época), a suposta infiltração comunista nas Forças Armadas, era tudo fantasia. O golpe ocorreu quase sem resistência, pois resistência não havia. Deu-se um golpe, pois um golpe se queria dar desde 1951, pelo menos. A luta armada comunista, que jamais colocou em risco o governo brasileiro, só emergiu após a implementação da ditadura, não antes.

Finalmente, aproveitando-se do ambiente caótico de 1964, em que se somavam a crise econômica e alta polarização política, fez-se o golpe civil-militar de 31 de março de 1964.

PARA QUE FIQUE BEM CLARO!

Gostaria de deixar claro que o ex-presidente deposto pelo Golpe Militar de 1964 João Goulart não era comunista, mas sim um político trabalhista. Os Marxistas defendem o fim da propriedade privada dos meios de produção e Jango como era conhecido o ex-presidente João Goulart foi um grande proprietário de terras gaúchas e não estava disposto a fazer nenhum tipo de Reforma Agrária dentro das suas terras. Porém, apesar da base eleitoral de Jango sempre foram trabalhadores e as camadas mais pobres e seu partido, o PTB, passava longe do comunismo. Pelo contrário, o PTB foi criado por Getúlio Vargas, em 1945, para disputar com os comunistas o eleitorado de trabalhadores urbanos. Enquanto o PCB falava em "luta de classes", o PTB usava o Ministério do Trabalho para domesticar os sindicatos. Assim, Getúlio ficou para a história como "pai dos pobres e mãe dos ricos". Até o velho PCB perdeu o espírito revolucionário. Em 1958, o PCB renunciou à revolução armada em vez de lutar contra a burguesia, seu novo objetivo era chegar ao poder pela via legal, apoiando um governo nacionalista eleito. Jango era o aliado perfeito, uma vez no poder, o PCB passaria a lutar contra o "imperialismo" (o capital estrangeiro) e o "feudalismo" (o latifúndio).

Houve um tempo no Brasil no qual políticos, militares e civis não reconheciam o resultado das eleições, um tempo no Brasil no qual militares de alta patente se arvoravam o direito de falar de política. Tempo em que generais ameaçavam não reconhecer o resultado das urnas, caso o eleito não fosse do seu agrado.

A dedicação que demonstraram à luta contra o comunismo transformou-os notadamente os "homens da Igreja", a classe média nacional e as Forças Armadas em esteios do anticomunismo brasileiro, como, por exemplo, o movimento pela "Família e Liberdade", em março de 1964, tentativa bem-sucedida de mobilizar um grande número de pessoas em torno da bandeira anticomunista. Neste caso, além de reunir as temáticas religiosa e "liberal" na convocação para a Marcha da Família, os organizadores tiveram o cuidado de conferir-lhe caráter ecumênico, convidando líderes de outras religiões (judeus e protestantes) além da católica. Todo esse contexto anticomunista que movimentou a sociedade brasileira a partir da década de 1960 tem como base a ideologia "liberal" já citada, movimento este juntamente com os militares que pregavam sem provas documentais, áudios ou vídeos que os comunistas da época queriam instalar uma "ditadura do proletariado" no Brasil.

Vale lembrar que a paranoia criada por setores Golpistas da política, sociedade civil e militares sobre uma possível radicalização comunista na sociedade da época, vem desde meados da década de 1950, a Escola Superior de Guerra divulgava o temor de que uma guerra não convencional estava em curso no Terceiro Mundo, com o objetivo de implantar o comunismo no Brasil. Esse conflito não envolveria Estados, mas um "inimigo interno", que agiria em todos os níveis da sociedade. Seus meios seriam a doutrinação, a mobilização de massas e a luta armada e tudo ficava mais ameaçador para a direita com a popularidade da Revolução Cubana entre a esquerda no Brasil. Porém, estava longe o risco real de que se instalasse no Brasil uma "Cuba do Hemisfério Sul". Uma coisa era celebrar o simbolismo da Revolução Cubana, outra coisa era pegar em armas pela revolução.

Enquanto o Brasil foi uma democracia, a luta armada ficou de fora. Em vez disso, a esquerda abraçava a estratégia pacífica do PCB de se aliar a Jango e pressionar por reformas nas ruas. Foi somente com o golpe de 1964 que grupos debandaram do PCB e abraçaram o modelo de revolução de Fidel Castro com pequenas e malsucedidas guerrilhas que logo foram inutilizadas e seus membros presos, torturados e mortos pelas forças de repressão do Estado Brasileiro.

Como descrito acima, a paranoia de uma possível "ditadura do proletariado" aos moldes da antiga União Soviética ou Cuba, fez suas vítimas no Brasil, dentre centenas de mortos, torturados e desaparecidos pelos Agentes do Estado brasileiro da época uma vez estabelecida a ditadura militar no Brasil em 1 de abril de 1964.

Apoiada logisticamente pelos EUA, baseando-se principalmente nos princípios anticomunistas da Guerra Fria, e foi dentro da Escola Superior de Guerra do Brasil que se formulou os princípios da doutrina da segurança nacional, tendo como alvo o combate à esquerda, à eliminação dos "inimigos internos" para que se estabelecessem tais princípios, atos institucionais e leis repressivas deram legitimidade ao regime, e órgãos de informação foram criados para que possam vigiar, identificar e eliminar o inimigo.

Em 9 de abril de 1964 é editado o primeiro Ato Institucional, que passaria para a história como AI-1, que legitimava o governo, estabelecendo 60 dias para que se acabasse o regime de exceção. O AI-1 dava poderes ao regime militar para cassar mandatos, suspendendo os direitos políticos por dez anos. João Goulart, Luiz Carlos Prestes, Juscelino Kubitschek, Jânio Quadros e Leonel Brizola são os primeiros cassados. O expurgo atingiu governadores, 50 deputados, 49 juízes, 1200 militares e 1400 civis.

Em 27 de outubro de 1965 foi editado o AI-2, estabelecia-se que as eleições para presidente seriam de forma indireta e sem possibilidades de reeleição; dissolvia os partidos existentes desde 1945, criando o bipartidarismo, formado pela Arena (Aliança Renovadora Nacional), partido de base de apoio ao regime, e o MDB (Movimento Democrático Brasileiro), a oposição consentida. Para garantir a maioria do governo no STF (Supremo Tribunal Federal), o AI-2 aumentava o número de ministros de 11 para 16.

O AI-3 é editado em 5 de fevereiro de 1966, reafirmando o regime militar estabelecido em 1964, definindo as eleições indiretas para os governadores dos estados, com votação nominal nas Assembleias Legislativas estaduais. Estabelecia ainda, que os prefeitos de capitais seriam nomeados pelos governadores. Com este último ato, o governo militar, estabelecido na figura do presidente general Humberto de Alencar Castelo Branco, consolida a ditadura no Brasil.

Legitimada através de atos institucionais, ao mesmo tempo a ditadura criava órgãos para vigiar e manter sob controle o pensamento em todos os setores da população. Sob as perspectivas mencionadas, surgiu em 13 de junho de 1964 o Serviço Nacional de Informações (SNI), com a finalidade de coordenar por todo o território nacional as atividades de informação e contrainformação, assegurando assim, os conceitos estabelecidos pela doutrina da Segurança Nacional. Criado pelo general Golbery do Couto e Silva, o SNI veio à tona com um acervo de três mil dossiês e cem mil fichas com informações sobre as principais lideranças políticas, sindicais, estudantis e empresariais do Brasil. O SNI espalhou os seus tentáculos por toda a parte, funcionando durante a ditadura como uma polícia secreta comparável às SS de Hitler. Seus agentes infiltrados acompanhavam os considerados subversivos, doutrinavam colaboradores, arrebanhando voluntários por todas as partes, vigiando desde as igrejas aos meios de comunicação.

A partir do SNI, um eficiente mecanismo repressivo foi montado com métodos eficazes de vigilância e controle sobre o cotidiano dos brasileiros, obedecendo a uma hierarquia.

O SNI assessorava diretamente ao presidente do Brasil; os ministérios eram atendidos pelas DSIs (Divisões de Segurança e Informação); sendo os ministérios civis, autarquias, empresas e órgãos públicos atendidos pelas ASIs (Assessorias de Segurança e Informações).

Dentro das Forças Armadas, as três armas montaram individualmente os seus centros de informação:

1. O CIEX (Centro de Informações do Exército) só teve o seu projeto implementado no governo Costa e Silva. O CIEX teria grande alcance nacional, tornando-se um dos principais órgãos de tortura e repressão;

2. A Marinha tinha o seu órgão de informações, o CENIMAR (Centro de Informações da Marinha), desde 1955, para tratar das questões fronteiriças e da diplomacia. Aos poucos o órgão foi perdendo as suas reais funções, enredando-se cada vez mais na política repressiva, especializando-se em combater a luta armada.

3. Em 1968 a aeronáutica toma a iniciativa de criar o seu órgão de informações, CISA (Centro de Informações da Aeronáutica), sendo os seus mentores treinados no exterior. Mas a sua montagem só ocorreu já no governo Médici, adotando em 1970, a estrutura de combate e repressão à luta armada, tendo grande atuação na repressão aos guerrilheiros.

Ainda subordinados ao SNI estavam a Polícia Federal e as Polícias Estaduais e o DOPS (Departamento de Ordem Política e Social). A partir de 1969, surgiu em São Paulo a Operação Bandeirantes (OBAN), organização clandestina, formada por militares, agentes e delegados civis e federais que torturavam e desapareciam com militantes comunistas. A OBAN agia à margem da lei, tornando-se poderosa, financiada por grandes empresas como a General Motors e Ford. A experiência da OBAN serviu para unir todos os órgãos repressivos, desde então passaram a atuar em conjunto os órgãos de informação da Polícia Federal, Polícia Militar e DOPS. Em janeiro de 1970 foram criados os DOI (Departamento de Operações e Informações) e os CODI (Centro de Operação e Defesa Interna). O DOI-CODI na prática integrava todos os órgãos repressores e legalizava a OBAN. O DOI-CODI transformou-se em uma máquina de repressão e tortura, estendendo os seus tentáculos além das fronteiras do país, infiltrando-se no Chile, Uruguai, Bolívia e Argentina. O DOI-CODI, assim como a antiga OBAN, recebia grandes recursos financeiros, sendo dotado de tecnologia, tendo as suas atividades orientadas pela lógica da disciplina militar.

Todos estes órgãos institucionalizaram a tortura, constituindo um grande aparelho repressivo que agiria de forma brutal e sanguinária sobre aqueles que contestavam o regime militar. Agentes especiais eram formados na ESNI (Escola Nacional de Informações), criada em 1971. Os melhores alunos eram enviados para o Panamá, cursando a Escola das Américas, mantida pela CIA, lugar onde formaram grandes ditadores militares que depois de um Golpe, assumiram o poder em vários países da América Latina.

Em dezembro de 1968 Costa e Silva fechou o Congresso, o AI-5 foi decretado, dando plenos poderes ao presidente e, entre outras coisas, abolindo o hábeas corpus aos presos políticos, legalizando a tortura. Nos ventos do AI-5, foi promulgado em 1969 o AI-14, que estabelecia a pena de morte, a prisão perpétua e o banimento do país dos que eram considerados terroristas e atentavam contra a nova Lei de Segurança Nacional.

A tortura do regime militar instalou-se no Brasil desde o primeiro dia que foi dado o golpe, em 1 de abril de 1964.

Quanto mais tempo durava o regime militar, mais pessoas faziam oposição às atrocidades por ele cometidas: estudantes, padres, intelectuais e vários setores da sociedade passaram a contestar o regime. Aumentava a contestação, a resposta era a intensificação da tortura, consequentemente, a sofisticação dos métodos ocasionava um grande número de mortos.

Métodos científicos de tortura foram desenvolvidos, e monstros torturadores escreveriam o seu nome em letras gigantes nas páginas obscuras da história do Brasil. Nomes como o de Sérgio Fleury que levou a tortura para as celas do DOPS de São Paulo, situado na Luz, no prédio que é hoje a Pinacoteca do Estado. Os prisioneiros chegavam às mãos de Fleury e dos seus homens já espancados e feridos, sangrando e muitos vezes já agonizantes. Ali eram pendurados no pau-de-arara, recebendo descargas elétricas, furadeiras elétricas eram usadas para perfurar corpos, navalhas rasgavam a carne, cigarros queimavam órgãos genitais, mulheres sofriam abusos sexuais, socos, pontapés, afogamentos, eram complementos às torturas que ficavam cada vez mais elaboradas.

Para que se desenvolvessem métodos tão sofisticados de tortura era preciso que o governo militar desenvolvesse a propaganda do culpado, cada torturado era culpado, era o temível comunista que assaltava bancos que ameaçava a "família de bem", assim era criado o preconceito contra os torturados que eram culpados e merecedores de todos os suplícios que se lhe eram impostos em uma sala de tortura.

Os recrutados para exercer a tortura eram indivíduos que recebiam favorecimentos dos seus superiores, gratificações e reconhecimento de heróis, pois ajudavam a livrar o país dos "terroristas comunistas". Eram pessoas intimamente agressivas, com desvio de personalidade que legitimadas em seus atos sem limites, tornavam-se incapazes de ter sentimentos por quem torturava. É o que a psiquiatria diagnostica de psicopatas como é o caso de outro personagem cruel do período da ditadura militar, o coronel Carlos Alberto Brilhante Ustra. Ele foi chefe do Destacamento de Operações de Informações, o DOI-CODI, entre setembro de 1970 e janeiro de 1974 e foi responsável por 47 sequestros e homicídios, além do desaparecimento de 502 presos políticos, segundo levantamento do Brasil Nunca Mais, relatório final da Comissão da Verdade.

Se por outro lado a tortura coibia, causava medo e terror em que se deixava apanhar e principalmente em que ainda estava livre militando na clandestinidade, por outro lado ela causava um grande problema como esconder os torturados e mortos.

O que fazer com os corpos, uma vez que o regime militar negava veementemente a existência da tortura nos seus calabouços?

Para resolver o problema dos torturados mortos, médicos legistas passaram a fornecer laudos falsos que escondiam as marcas da tortura, justificando a morte da vítima como sendo de causas naturais. Muitos dos mortos pela repressão tinham no laudo médico o suicídio como a causa mais comum, vários foram os "suicidas" da ditadura. Outras causas que ocultavam a tortura nos laudos eram a dissimulação de atropelamentos, acidentes automobilísticos ou que tinham sido mortos em tiroteios com a polícia.

Muitos legistas chegavam a apresentar laudos de torturados mortos como se desfrutassem da mais perfeita saúde. Quando não se podia ocultar as evidências da tortura, muitos cadáveres eram enterrados como anônimos, sem que os familiares jamais soubessem o que aconteceu aos corpos dos seus mortos. As valas clandestinas dos mortos da ditadura ocultavam dos familiares a marca das torturas neles praticadas.

A tortura na ditadura militar tornou-se um instrumento fundamental para assegurar, através do medo e da repressão, a ideologia da caserna, amparada pela Guerra Fria e justificada pelos militares como necessária numa época de perigo à segurança nacional, ameaçada por terroristas comunistas.

No período mais intenso da tortura militar, no início da década de setenta, os brasileiros foram ideologicamente divididos pelo governo em dois grupos: o grupo dos "verdadeiros cidadãos" e o grupo dos "inimigos internos", tornando o princípio arbitrário a principal arma de propaganda difundida pelo regime. Oficialmente, os inimigos internos do regime militar no período de intensificação total da tortura de 1969 a 1974, eram os guerrilheiros e revolucionários de esquerda, vistos como terroristas e que militavam principalmente no Movimento Revolucionário 8 de Outubro (MR-8); Vanguarda Armada Revolucionária Palmares (VAR-Palmares); Partido Comunista Brasileiro Revolucionário (PCBR), Partido Comunista do Brasil (Pc do B), que promoveu a Guerrilha do Araguaia; Vanguarda Popular Revolucionária (VPR), liderada por Carlos Lamarca que se tornou ao lado de Carlos Marighella, os principais inimigos do regime. A Ação Libertadora Nacional (ALN), se destacou na guerrilha urbana e o Partido Comunista Brasileiro (PCB), combalido por sucessivas divisões que deram origem à maioria dos grupos de resistência à ditadura mencionados. Das organizações citadas, cinco a seis mil pessoas participaram da luta armada, um número insignificante quando o país chegava a 100 milhões de habitantes, não justificando a máquina mortífera que as polícias brasileiras e as Forças Armadas criaram, sustentadas na aplicação da tortura como método de repressão com a falácia que estavam combatendo os comunistas que queriam implantar a ditadura do proletariado no Brasil.

Os que ousaram a contestar a ditadura eram na sua maioria, jovens idealistas, muitos politizados e engajados, outros em processo de politização que se atiravam aos ideais, dispostos até mesmo a morrer por eles. Mas a ditadura não matou somente os opositores engajados, os chamados comunistas, guerrilheiros e revolucionários, vários foram os inocentes apanhados nas malhas da delação que pereceram sob tortura sem jamais descobrirem porque estavam a ter tão nefasto destino. Aos inocentes a tortura poderia ser mais intensa, já que nada sabiam, nada podiam revelar.

Anos mais tarde a tortura foi justificada pelos ex-presidentes ditadores, ex-militares das forças armadas, juntamente com policiais civis e militares da época, como necessário contra uma tal "invasão comunista" que queriam transformar o Brasil em uma Cuba. Nenhum torturador foi preso ou punido por seus atos, todos foram beneficiados pela lei da Anistia, que em 1979 anistiou os presos políticos, os exilados e os torturadores da ditadura militar.

A tortura DURANTE O PERÍODO DA DITADURA MILITAR continua a ser a mais triste página da recente história do Brasil.

As análises feitas sobre a Ditadura Militar no Brasil entre os períodos de 1964-1985, apontando para a farsa historiográfica que é cantada em verso e prosa por ignorantes ou desonestos intelectuais que batem na tese de que a "revolução de 64" teria salvo o Brasil da ameaça comunista. Essa afirmação é uma grande falácia!

Às vésperas das eleições de 2018, o cenário se repete.

Décadas mais tarde os saudosistas da ditadura como políticos da extrema-direita, setores extremistas dos evangélicos, militares e ex-militares, escritores como Olavo de Carvalho, youtubers neoconservadores, a elite econômica do mercado financeiro e do agronegócio, a classe média alta e a camada fascista da classe média tradicional, dentre outros setores civis da sociedade, todos estes, deram voz ao ódio contra as esquerdas no Brasil, principalmente a partir das manifestações de 2013 até o golpe de 2016 que tirou do poder a ex-presidenta Dilma Rousseff.

Como já descrito no início deste livro, a partir do ano de 2013 foi observado o crescente movimento e reaparecimento da extrema-direita no Brasil. Como sabemos, o ódio projetado nas esquerdas e em sua classe política, elegeu no ano de 2018 um ex-militar como Presidente do Brasil, Jair Messias Bolsonaro e seu vice-presidente um General da reserva Amilton Mourão. Ambos representantes da extrema-direita brasileira que ao assumir o poder em 1° de janeiro de 2019 deram cargo de Ministro de Estado para vários militares.

Desde o fim da Ditadura Militar em 1985 até o ano de 2019 com a chegada de Jair Bolsonaro no poder, nunca antes foi visto um número tão elevado de militares em cargos importantes do poder executivo federal como no atual governo Bolsonaro.

O fantasma do "comunismo" está de volta: o ódio ao Partido dos Trabalhadores (PT)

Fazendo um breve histórico sobre as origens do ódio ao (PT) é importante descrever o ambiente econômico/social que o Brasil se encontrava na passagem do governo do ex-presidente Fernando Henrique Cardoso do PSDB para o governo Lula do Partido dos Trabalhadores.

Vamos aos fatos:

O ex-presidente Fernando Henrique Cardoso do PSDB governou o Brasil no período de 1.º de janeiro de 1995 a 1.º de janeiro de 2003, e dentre vários erros, podemos apontar uma manobra econômica desastrosa que zerou o fator inflacionário e incentivou um padrão de consumo da população sem levar em conta que o Brasil não tinha um processo de produção industrial compatível para atender a grande demanda da sociedade. Exigindo que as importações de produtos suprissem as necessidades do brasileiro na época, ou seja, quando o Brasil importava em demasiado, não existia dólar suficiente no caixa do governo para pagar a conta (cambio padrão no mundo para importação). O que aconteceu? O país quebrou!

O que teve que ser feito pela equipe econômica do presidente Fernando Henrique?

A desvalorização imediata do real brasileiro que foi uma tragédia. Só para ter uma ideia, quando o ex-presidente FHC foi para a sua reeleição o Brasil precisava de 1 real para comprar 1 dólar de trigo. No final do mandato de FHC o Brasil precisava de 2,30 reais para comprar 1 dólar de trigo. Resultado, o povo mais pobre do Brasil ficou com menos da metade da capacidade de compra que tinha na véspera da reeleição de FHC. O povo ficou chateado o que culminou no partido do ex-presidente o PSDB até o ano de 2018 nunca mais ganhar uma eleição para a Presidência da República no Brasil.

Quando o ex-presidente Lula toma posse no seu primeiro mandato no início do ano de 2003 a taxa de câmbio deixada pelo governo FHC corrigida para o valor atual ano 2020 ficaria entre R$ 7,20 a R$ 8,80 reais para 1 dólar. Depois de 8 anos quando Lula entrega seu governo para e ex-presidente Dilma, 1 dólar estava R$ 1,75 reais. Ou seja, quando o real se desvalorizou o povo empobreceu, e quando o real se valorizou o inverso aconteceu e a população passou a ter um poder de compra quase 4 vezes maior que no final do governo FHC. Causando grande aprovação sobre o ex-presidente Lula no final do seu mandato colocando o Brasil entre as maiores economias do mundo durante 8 nos do seu governo. Lula saio do poder com 87% de aprovação do povo brasileiro.

Vamos a um breve histórico:

O Partido dos Trabalhadores (PT) assumiu a Presidência da República no mês de janeiro de 2003 via eleição democrática e popular no ano anterior. O candidato eleito foi Lula (Luiz Inácio Lula da Silva) que fez um governo que transitava pelo neoliberalismo com algumas ações de uma esquerda moderada voltada para a área social com avanços no combate à miséria/fome, às desigualdades sociais, tudo alinhado com uma política de incentivo ao consumo pelas classes econômicas mais baixas.

Lula buscou desde o início do seu primeiro governo saídas para o imbróglio no qual o país se encontrava havia duas décadas, marcado por um crescimento econômico insuficiente, baixas taxas de investimento, acentuada vulnerabilidade externa, redução da capacidade de intervenção e regulação do Estado, elevação do desemprego, precarização do trabalho e aprofundamento de nossas vergonhosas miséria e desigualdade.

Foi preciso realizar transformações que culminaram em uma reforma social emergindo parcela significativa da população brasileira que antes vivia na miséria, e isto foi possível graças às ações como o programa Bolsa Família e o aumento do salário mínimo que auxiliaram a diminuir um pouco a desigualdade social no Brasil.

Mesmo com uma discreta ascensão econômica de camadas mais pobres da sociedade (cerca de 80% da população), a classe média tradicional (cerca de 18% da população) ficou apreensiva com essa ascensão social dos mais pobres, quando os privilégios desta classe média começaram a ser ameaçados, vendo os espaços sociais até então "pertencentes" a esta classe média, "invadidos" por uma classe pobre que passou a consumir mais bens e produtos, viajar de avião, adentrar nas universidades públicas, no mercado de trabalho especializado e políticas de proteção social.

Desse modo, com os mais pobres ameaçando ascender na pirâmide econômica, surge o aumento da polarização política na medida em que os pobres ganham mais espaço no orçamento público e visibilidade na sociedade. A elite econômica e a massa da classe média vão sentindo antipatia ao governo do PT com Lula no comando.

Esta significativa parcela em torno de 20% da população (18% massa da classe média, 1% classe média alta e 1% elite) que antes estava passiva no desastroso "projeto de conciliação de classes" do Governo de Lula, mobiliza-se por um sentimento de rejeição às políticas sociais do PT, ou seja, as conquistas sociais proporcionadas pelo Governo Lula, revoltou o conservadorismo econômico e social, abalando o sentimento de domínio sobre os mais pobres.

O ódio contra o (PT) refletiu contra o povo pobre devido as políticas sociais de inclusão, povo este que foi tirado do inferno da pobreza e da fome e estar ocupando os lugares antes reservados à elite abastada.

Outro fato importante que culminou no ódio contra o PT foi o Escândalo do Mensalão, que foi motivado por uma antiga desavença entre o ex-ministro José Dirceu com o deputado federal Roberto Jefferson. O escândalo começou em 2005 com a CPI dos Correios motivada por um cidadão chamado Mauricio Marinho que em 2005 chefiava o Departamento de Contratação e Administração de Materiais dos Correios. Com uma câmera escondida ele foi flagrado recebendo propina de 3 mil reais para ajudar empresários que queriam participar de uma licitação. Marinho na época era uma indicação de Roberto Jefferson, que era Presidente do PTB e que estava sendo acusado de cobrar uma mesada mensal 400 mil reais de Lídio Duarte que presidia o Instituto de Resseguros do Brasil. Essas denúncias convenceram Roberto Jefferson que ele estava sofrendo um processo de perseguição que vinha de dentro do Governo Lula, chefiado por José Dirceu. Roberto Jeferson não 'deixou barato' e denunciou um suposto esquema de mesadas fixas de 30 mil reais para deputados federais do PL e do PP votarem a favor do Governo Lula.

Esquema essa que era comandado por Delubio Soares tesoureiro do PT. Durante a CPI dos Correios, Roberto Jefferson mudou a versão e passou a acusar Jose Dirceu como o chefe do esquema, e depois a defesa de Jefferson passou a dizer que o Lula sabia de tudo, mesmo Roberto Jefferson afirmando dias antes que tinha falado pessoalmente com o presidente Lula sobre o mensalão, e que Lula ao saber tinha chorado de tristeza não acreditando que algo daquele tipo estava acontecendo no governo dele.

Que fique claro que essa acusação do Roberto Jefferson que parlamentares recebiam uma mesada nunca foi comprovado. Vários fatos foram sendo incorporados ao escândalo do mensalão e essas notícias sempre vinham em formato de denúncias, o que suscitou a imprensa tradicional de que o governo Lula estava mergulhado em corrupção e que o próprio Lula era o Chefe maior do esquema criminoso. Deste ponto começa a ganhar mais força o embrião antipetista, em alguns setores da sociedade que viria a eclodir no segundo mandato da ex-presidenta Dilma.

Em junho de 2005 apalavra mensalão ganhou a boca do povo, e piorou quando as empresas do publicitário Marcos Valério foram pegas em contratos superfaturados com o Governo Lula, e o dinheiro segundo as investigações era desviado justamente para pagar deputados do PT, PTB, PMDB, PP e PL.

Após 15 anos do escândalo do Mensalão, a 3ª turma do Tribunal Regional Federal da 1ª Região (TRF 1), em Brasília, inocentou o ex-presidente do PT, José Genoíno e o ex-tesoureiro do partido Delúbio Soares dos crimes de falsidade ideológica na ação penal relativa ao chamado Mensalão.

Aqui temos aquela velha disputa de narrativas: quem não gosta do PT diz que o caso mensalão foi um crime descarado comandado por Lula e PT. E quem gosta do PT diz que o mensalão foi só "caixa dois" dinheiro não contabilizado de campanha usado para quitar acordos entre partidos feitos em 2002. Os próprios juízes do Supremo Tribunal Federal quando finalmente julgaram o caso do mensalão em 2012 se dividiram sobre o esquema se era real ou não. Veja acima o que ocorreu 15 anos depois com José Genoíno e Delúbio Soares.

Outro caso de corrupção envolvendo o nome do ex-presidente Lula e o Partido dos Trabalhadores (PT) foi o escândalo conhecido como "Petrolão" que desviou R$ 42,8 bilhões dos cofres Petrobras. Na época os críticos e a grande imprensa descreveram o Petrolão como o maior caso de corrupção da história do Brasil, e isso ecoa até os dias atuais. Será verdade?

É lógico se você caro leitor perguntar qual o partido político mais corrupto do Brasil nas rodas de conversa, grupos de WhatsApp, reuniões em família, e afins... todos irão dizer na hora que é o PT. Pois houve uma construção no imaginário popular comandada pela grande mídia televisiva, escrita e rádio, da corrupção no Brasil associada somente ao Partido dos Trabalhadores (PT) (claro que houve casos de corrupção no PT, isso é inegável), porém o foco do ataque ao partido no caso do Petrolão não explicava ao senso comum como se efetivou realmente as condenações no caso Petrolão. Aqui é importante destacar que este caso de corrupção especifico, tinham três principais partidos envolvidos além do PT, como por exemplo, o PMDB e o PP. E é aqui que devemos ficar atentos aos dados:

O Partido dos Trabalhadores (PT) nas investigações da Operação Lava Jato referente aos desvios na Petrobras, teve SEIS condenações e o Partido Progressista (PP) teve TRINTA condenações.

Com os dados descritos acima, por que somente o PT é acusado como o principal partido no caso Petrolão, e o PP não?

A operação Lava Jato que começou investigando doleiros que atuavam em Curitiba, tomou proporções inesperadas, descobrindo um grande esquema de corrupção operado dentro da Petrobras. A cada nova reportagem da grande imprensa, novos fatos divulgados, as representações existentes eram modificadas, e novas representações construídas e difundidas contra o ex-presidente Lula e o PT eram a regra nas redações dos jornais. Como sabemos, o jornalismo da grande mídia brasileira é ideológico de direita por natureza, portanto, não era de se esperar imparcialidade ou isenção nas escolhas quanto ao que publicar, e por esse motivo, o governo do PT com a Dilma do comando deveria ser destituído e o Lula precisava ser preso.

Como já descrito anteriormente, houve uma narrativa da grande imprensa jornalística anti-petista e anti-Lula que escolheram ambos como os únicos inimigos do Brasil, e o resultado todos nós sabemos foi o antipetismo instalado na sociedade incentivado pela direita lacerdista usando o senso comum, principalmente a classe média ressentida e em grande parte fascista, a tomarem as ruas para manifestarem contra o PT, Lula e a ex-presidenta Dilma Rousseff para efetivar em 2016 um Golpe para colocar no poder os velhos lacaios do grande capital econômico.

Todo esse ataque a democracia, tinham claros objetivos como por exemplo, fazer reformas para retirar direitos dos trabalhadores, roubar os cofres públicos com as promiscuas relações entre o Estado e o setor privado, e dar continuidade as privatizações vendendo o patrimônio nacional a preço de banana para o mercado especulativo interno e externo.

Aqui vou citar parte de um artigo do Professor da Universidade de Brasília - UNB Rogerio Alessandro de Melo Basali, denominado de 'A Mentira Na Política'. Este artigo explica que desde a redemocratização do Brasil, tiveram outros escândalos de corrupção com valores elevados os quais a grande mídia não deu o devido tratamento como deu para o caso do Petrolão, por exemplo:

- **Privataria Tucana:** 100.000 bilhões de reais
- **Banestado:** 42.000 bilhões de reais
- **Vampiro:** 2.400 bilhões de reais
- **Banco Marka:** 1.800 bilhões de reais
- **TRT/SP:** 923 milhões de reais
- **Anões do orçamento:** 800 milhões de reais
- **Operação navalha:** 610 milhões de reais
- **Sudam:** 214 milhões de reais
- **Sanguessugas:** 140 milhões de reais
- **Mensalão:** 55 milhões de reais

Exceto o **Petrolão e o Mensalão (ligados ao PT)**, alguém aqui viu ou ouviu a grande imprensa brasileira bater diariamente nos escândalos de corrupção descritos acima? Alguém viu ou ouviu o judiciário brasileiro se mobilizar em grandes operações anticorrupção para prender os corruptos nestes casos de desvio de dinheiro público? Alguém viu a classe média brasileira se mobilizar nas ruas para manifestar contra estes escândalos de corrupção exigindo a prisão dos envolvidos?

Infelizmente o Mensalão e o Petrolão deram força para o antipetismo e virou uma narrativa de setores neoliberais e neoconservadores contra futuras chegadas de uma frente de esquerda no poder.

O erro na política de conciliação de classes de Lula e Dilma. O combustível para o ódio:

Primeiramente é importante deixar claro que a conciliação de classes no Brasil é uma ilusão, principalmente da esquerda liberal ou moderada, cujo principais partidos: o PT, PC do B e o PDT insistem em acreditar. Ou seja, as elites econômicas brasileiras apenas concedem a estes partidos (quando no poder estão), a liberdade em tempos de abundância, uma sensação de apoio na finalidade de extrair maiores ganhos possíveis sobre o Estado brasileiro. Porém, assim que está "esquerda conciliadora" não consegue mais oferecer os mesmos ganhos de antes, ocorre o que sempre ocorreu no Brasil, a democracia é golpeada sem dó nem piedade pela Direita Lacerdista.

No Brasil, durante os governos Lula e Dilma, devido às políticas sociais adotadas que resultavam na melhoria das condições materiais de segmentos historicamente excluídos, a consequência foi o aumento da retórica elitista da meritocracia e do mercado como regulador da vida social. Nesse contexto, foi visto a indignação das classes médias tradicionais com a ampliação do acesso aos direitos na sociedade por parte de população pobre.

Com o cenário da crise global iniciada em 2008, vimos crescer o inconformismo das classes médias tradicionais e das elites econômicas, impulsionado pelos grandes meios de comunicação. Programas sociais como Bolsa Família, Minha Casa

Minha Vida, Prouni, Luz para Todos, Mais Médicos, Lei Maria da Penha, regulamentação do trabalho doméstico, a ampliação das políticas de cotas para população negra que possibilitaram a entrada de um grande número de pessoas pobres, negras, indígenas nas universidades públicas. A ampliação do efetivo exercício do direito ao consumo para amplos setores anteriormente excluídos, viagens de avião, todos os ganhos citados, que por séculos, foram negligenciados pelas elites políticas/econômicas do Brasil em benefício dos mais pobres, o que despertou a ira deste setor acostumados a receber estes recursos para o pagamento de seus privilégios as custas do Estado Brasileiro.

Nesse processo os grandes meios de comunicação do Brasil, patrocinados por grandes corporações privadas, cumpriram um papel de destaque na emanação do ódio contra as esquerdas, e foram fundamentais para ajudar a golpear a democracia no impeachment sem crime de responsabilidade que retirou do poder a ex-presidente Dilma Rousseff do PT no ano de 2016.

A velha bandeira da anticorrupção volta à cena no Brasil:

A professora Sabrina Fernandes em seu livro Sintomas Mórbidos: a encruzilhada da esquerda brasileira, explica um conceito que cabe perfeitamente neste tópico que é o conceito de pós-política que segundo a autora "é um tipo de despolitização que age no campo do senso comum como uma forma de pós-ideologia, na qual assuntos relacionados a status político, social e econômico são efetivamente gerenciados" (pg. 216-217).

Nasce ou renasce em tempos de pós-política, os movimentos fascistas ou populistas que adotam os lemas de "nós contra eles" personificam bem esse tipo, criando símbolos chauvinistas e bodes expiatórios. Eles buscam condensar a variedade ideológica em apenas dois polos que devem se digladiar a todo custo. A pós-política também se anuncia como "nem de direita e nem de esquerda", com um posicionamento difuso, mesmo quando claramente defende um ponto ideológico – Afirma Sabrina Fernandes.

Principalmente a partir do ano de 2013 foi vendida pela grande mídia, que a principal causa dos nossos problemas políticos e econômicos era a corrupção entre políticos e empresários corruptos, comandado pelo Partido dos Trabalhadores (PT). **Visão esta que joga propositalmente para debaixo do tapete o real problema causador de todo o nosso atraso como nação que foi primeiramente o período da escravidão negra no Brasil que durou de 1550 até 1888 e suas consequÊncias nefastas que oprimiu e abandonou a massa negra liberta, sem direitos nem apoio do estado brasileiro para a inclusão desse povo no mercado de trabalho remunerado. O OUTRO CULPADO É a "corrupção" do Mercado Financeiro, que por décadas se apropria do Estado brasileiro através dos juros da dívida pública, e dos elevados juros bancários cobrados sobre o povo brasileiro, prejudicando principalmente os mais pobres e a massa da classe média.**

Este mesmo Mercado Financeiro que controla a opinião pública através da grande mídia patronal contra políticos progressistas e das esquerdas que lutam em benefício da grande massa mais pobre do Brasil.

Infelizmente, setores historicamente golpistas, foram imensamente privilegiados nos governos de Lula e Dilma, através de uma errônea política de conciliação de classes. Essa elite econômica corrupta apoiada ingenuamente pelos governos petistas sempre se apropriou do Estado brasileiro e da grande mídia para manipular ideologicamente, principalmente a classe média alienada, a terceirizando como soldados reprodutores de ódio e mentiras. Afinal, milhões de indivíduos dessa classe média foram às ruas a partir de 2013 levantando a bandeira de combate à corrupção, bem como nas redes sociais lutar para tirar do poder uma presidenta eleita democraticamente que não cometeu crime de responsabilidade, e pedir a prisão de um líder político que antes a ajudava em momentos de bonança. Ou seja, uma classe alienada que foi massa de manobra do Mercado Financeiro que ao se ver prejudicado pelos governos petistas, não pensou duas vezes em lutar para colocar no poder uma quadrilha de notórios corruptos afogados em escândalos de corrupção com provas gravadas em áudio e vídeo, documentos e tudo mais.

Para entender o ódio ao Lula, Dilma e ao PT, nada melhor que visitar o notório historiador, José Honório Rodrigues que em seu (clássico) Conciliação e Reforma no Brasil (1965) que diz com palavras sabias que parecem atuais:

"Os liberais no império, derrotados nas urnas e afastados do poder, foram se tornando além de indignados, intolerantes; construíram uma concepção conspiratória da história que considerava indispensável a intervenção do ódio, da intriga, da impiedade, do ressentimento, da intolerância, da intransigência, da indignação para o sucesso inesperado e imprevisto de suas forças minoritárias"

(p. 11). Esses grupos prolongam as velhas elites que da Colônia até hoje nunca mudaram seus hábitos excludentes. Nas palavras do referido autor: "a maioria foi sempre alienada, antinacional e não contemporânea; nunca se reconciliou com o povo; negou seus direitos, arrasou suas vidas e logo que o viu crescer lhe negou, pouco a pouco, a aprovação, conspirou para colocá-lo de novo na periferia, no lugar que continua pensando que lhe pertence" (p. 14 e 15). Hoje as elites econômicas continuam a abominar o povo. Só o aceitam fantasiado no carnaval. Mas depois tem que voltar ao seu lugar na comunidade periférica (favela).

É importante destacar que o ódio disseminado na sociedade e mídias sociais não é tanto ao PT, mas àquilo que o PT propiciou para as maiorias marginalizadas e empobrecidas de nosso país. Nenhum governo antes em nossa história conseguiu esta façanha. Nem havia interesse da elite econômica que comandam o Brasil por séculos em fazer das massas exploradas (como os escravos, colonos pobres, quilombolas, indígenas, ex-escravos) um povo consciente e atuante na construção de um projeto de nação. Importante era manter o povo como massa de manobra, sem possibilidade de sair da condição de dominado, pois assim não poderia ameaçar o poder das classes dominantes.

Essa elite econômica sempre formou um bloco histórico cuja base é constituída pelo grande setor agrário, mídia empresarial, jornais, revistas e canais de rádio e televisão, todos altamente censuradores do povo que se fortaleceu a partir de 2013 de modo mais perverso, conseguindo consolidar através da grande imprensa, a ideia de que o empobrecimento da população teria sido causado apenas pela corrupção política, o que é uma mentira!

Eis que em 2014 surge a Operação Lava Jato, criando suas próprias "leis", operando como um "Estado paralelo", a ponto de o Tribunal Federal da 4ª Região considerar que a operação "não precisava seguir as regras processuais comuns, para enfrentar fatos novos ao Direito". O atropelo que o então juiz Sergio Moro e o procurador Deltan Dallagnol realizaram sobre a Constituição Federal e todas as normas vigentes no país, tinham claros objetivos políticos, tudo motivado pelo ódio ao Lula e ao Partido dos Trabalhadores (PT).

A Lava-Jato ganhou simpatia da grande mídia televisiva e das classes médias tradicionais, e, Sérgio Moro foi o principal ator dessa operação, pois quando era juiz, comandou um verdadeiro conluio jurídico/político que no ano de 2019 foi denominado de "Vaza Jato", termo pelo qual ficou conhecido pelo vazamento de conversas, realizadas através do aplicativo Telegram, entre o ex-juiz Sérgio Moro e o promotor Deltan Dallagnol, além de outros integrantes da força-tarefa da Operação Lava Jato.

A divulgação das conversas foi feita a partir de 9 de junho de 2019 pelo jornalista estadunidense Glenn Greenwald, do periódico virtual *The Intercept*. As transcrições indicaram que o então juiz Sérgio Moro cedeu informação privilegiada à acusação, auxiliando o Ministério Público Federal (MPF) a construir casos, além de orientar a promotoria, sugerindo modificação nas fases da operação Lava Jato. Também mostraram cobrança de agilidade em novas operações, conselhos estratégicos, fornecimento de pistas informais e sugestões de recursos ao MPF. Tudo com a finalidade de criminalizar o PT para ajudar o movimentar a opinião pública para tirar do poder a ex-presidenta Dilma e colocar na prisão o ex-presidente Lula.

A Operação Lava-Jato direcionando suas ações principalmente contra o PT (em tempo recorde nunca visto na história do judiciário brasileiro) pelas mãos de Sérgio Moro com respaldo do TRF-4, julgou e condenou a prisão o ex-presidente Lula pelo crime de corrupção em um processo jurídico cheio de falhas, contradições, cerceamento de testemunhas de defesa, dentre outros absurdos. Tudo com o objetivo claro de impedir Lula de concorrer às eleições presidências de 2018, o qual era o favorito a ganhar em primeiro turno.

Com Lula fora do páreo, Jair Bolsonaro foi eleito, e Sérgio Moro recebeu seu prêmio pelos "bons serviços prestados" virando Ministro da Justiça de Jair Bolsonaro, para tentar passar a imagem de um Governo anticorrupção perante as elites e uma classe média tradicional que tem enorme antipatia e ódio pelo PT, e a todas as esquerdas.

Moro aceitou o cargo acreditando que ia ter carta branca para fazer o que quisesse, mandar e desmandar, porém, ocorreu o contrário, teve uma participação medíocre no Ministério da Justiça e saiu do cargo de forma vergonhosa, humilhado pelo próprio Presidente Bolsonaro e seus apoiadores mais fanáticos.

Sergio Moro entrará para a história do Brasil como um aventureiro que ajudou a destruir a democracia brasileira, quebrar grandes empresas nacionais prejudicando milhares de pessoas que ficaram desempregadas, além de manchar a imagem do judiciário usando o sistema jurídico para fins políticos pessoais.

A Lava Jato matou as grandes empresas brasileiras, quando deveriam atacar os corruptos, pessoa física. O crime maior da Lava Jato, além de ter perseguido, demolido pessoas sem provas, foi o fato de ter acabado com milhares de empregos.

Por que grande parte da classe média odeia o Lula?

Segundo o sociólogo Jesse Souza "as classes médias no Brasil desde o século XVIII foram psicologicamente modeladas pelo liberalismo hegemônico na base da mentira de que é uma classe capacitada, autônoma e livre. A falsidade dessa ideia usando Freud como exemplo estimulou e estimula o narciso infantil do indivíduo pertencente a essa classe que se vê superior, inteligente e poderoso, entretanto, o preço que se paga por acreditar nessas mentiras são altíssimos e os tornam escravos de uma ordem social determinada que tem poucos donos, ou seja, uma ordem social que lucra e muito com isso, usando as classes médias como capataz delegada pela elite econômica para exercer função de comando simbólico na sociedade para defender seus patrões".

E foi assim segundo Jessé Souza autor dos livros "A Elite do Atraso" e "A Classe Média no Espelho", que surgiu na história do Brasil a figura do "agregado". Figura esta que vai formar a primeira classe intermediaria entre proprietários e despossuídos que durante os próximos séculos será os predecessores da classe média moderna.

A figura do agregado estava ligada à submissão ao senhor de terras o grande latifundiário, onde servia muitas vezes de braço armado do patrão, disposto a matar ou morrer por ele. E a tal liberdade que o agregado pensava que tinha era pura ilusão, ele era um escravo com baixa remuneração que era muitas vezes convidado a se servir a mesa com o patrão, criando assim uma sensação de amizade ou compadrio na finalidade de produzir na consciência do agregado uma ilusão de dignidade. Sendo assim esse agregado desvalido irá criar um comportamento de superioridade perante os mais pobres. Ou seja, esse ser "livre" mesmo empobrecido economicamente podia se sentir "gente", tratado como se fosse igual.

Vale lembrar que no final do século XVIII espaço rural onde domina o grande latifúndio não era o espaço propício para a criação de uma classe média pelo fato do grande latifundiário sufocar as outras formas de organização social das classes sociais que ameaçam a hegemonia local do latifundiário. Ele tudo manda e se depender deste latifundiário somente existirão os agregados e os escravos.

Segundo Jesse Souza, no mesmo século XVIII a mudança da população agraria para as grandes cidades em busca de oportunidades de trabalho se fortaleceu. Somente no início do século XX ficou mais evidente essa aglomeração principalmente na cidade de São Paulo onde se criou uma necessidade econômica para dar conta do abastecimento da população principalmente no setor de prestação de serviços, o que motivou a vinda de muitos estrangeiros visando oportunidade de negócios (alemães buscaram o sudeste e sul do Brasil, franceses e ingleses vieram atrás de oportunidades, os ingleses em especial trouxeram as primeiras máquinas industriais para a manufatura e oficinas e para o reparo de outros itens uteis da época). Antes o comércio era restrito entre as colônias portuguesas na África e na Ásia.

E foi nesse período citado acima final do século XIX início do século XX que surgiu uma cultura de desprezo ao passado português tido como de mau gosto e inferior, e passou a valorizar as novas tendências inglesas e francesas que passam a ser vistas como superior e de bom gosto.

E é nesse contexto de transformação que podemos apontar como o nascimento no Brasil de uma primeira "classe média" em uma realidade que foi modelada por séculos antes. Enquanto isso os mais pobres formados por ex-escravos, infelizmente darão continuidade ao escravismo com uma nova configuração laboral, e serão submetidos a trabalhos serviçais pouco ou nada remunerado, muitas vezes vendendo a sua força de trabalho por um prato com comida. Parte dessa massa marginalizada será negra ou mestiça, dando continuidade aos preconceitos e racismo do período da escravidão.

Vale lembrar que final do século XIX início do século XX no Brasil o movimento eugenista ganhou força, baseada nas teorias de eugenia, cujo objetivo é "melhorar" a raça humana, melhorar as características genéticas de populações através de mistura seletiva de pessoas. Podendo ser denominado de racismo científico que predominou na época na elite econômica brasileira que viu uma oportunidade de embranquecimento da população.

Por causa desse movimento eugenista, o escravo negro que há séculos havia sofrido todo tipo de violência e humilhação, viu-se outra vez condenado a exclusão e a marginalidade submetida as piores condições sociais. E essa herança da escravidão ira contaminar todas as classes sociais, porém, os negros e mestiços serão os mais prejudicados, e isto é decisivo para se entender a posição e atitude das frações da classe média em relação às classes populares.

A estratégia da pequena elite econômica brasileira sempre foi impor seu poder econômico e ideológico sobre as classes médias, desde sempre foi criminalizar o Estado toda vez que esse setor inicia políticas que vão atender os mais pobres. Trata-se de um caso típico de "moralização da opressão", que rotulará o Estado de corrupto e ineficiente para através do Mercado Financeiro conquistar hegemonia, manipulando a opinião pública principalmente das classes médias de que o mercado é virtuoso e mais confiável que o Estado. Mas, na verdade o que a elite econômica quer é continuar saqueando o Estado, o usando como Banco particular.

A disputa política atual no Brasil que segue os moldes de 1930. Disputa-se a mente do povo indefeso diante de uma "grande mídia prostituta do Mercado Financeiro" que coopta as classes médias a servirem aos poderosos, com isso até parcela significativa dos mais pobres se unem a estes opressores.

A pequena elite econômica vai impor a classe média para defender o Mercado Financeiro como a única forma de regulação legitima da vida social. Portanto, a criminalização do Estado é uma forma de alienação que funciona com os incautos, e estes iludidos são usados como soldados da elite econômica e atacam tudo que simboliza o poder popular. E foi assim que as classes médias foram as ruas e redes sociais apoiar a prisão do ex-presidente Lula, levantando a velha bandeira da corrupção direcionada a quem naquele momento representava o povo mais pobre.

Uma outra analise para descrever as origens do ódio de grande parte das classes médias ao Lula, é necessário que recorramos a um fenômeno sociológico já descrito neste livro denominado de pós-política. Segundo a professora e socióloga Sabrina Fernandes autora do Livro Sintomas mórbidos a encruzilhada da esquerda brasileira, a pós-política é "um processo despolitizado que em nada corresponde a uma suposta neutralidade pós-ideologia que é possível examinar" (pg. 234-235). O que a autora se refere basicamente é sobre a crise de representação que a partir das manifestações de junho de 2013 explodiu na sociedade brasileira. Sabrina Fernandes descreve que principalmente a partir das manifestações daquele ano "a corrupção é vista pela via do moralismo, e não sistemicamente como um problema de desonestidade por parte de políticos, e não como um sistema de corruptos e corruptores visando vantagem política e econômica" (pg. 236-237). Segundo a mesma autora, a visão moralista, limita a percepção sobre a corrupção que leva parte da população a acreditar que eleger um candidato já rico poderia ser uma forma de combatê-la, pois, o indivíduo por ser rico não teria a necessidade de roubar. E é nessa perspectiva que o povo mais pobre e a classe média votam em grandes empresários conservadores com a ilusão de que não são políticos, e sim gestores que terão maior responsabilidade com o dinheiro público.

Sabrina Fernandes alerta que "o necessário é politizar sobre a corrupção para que a população demande mais democracia direta e mais transparência contra a influência de interesses econômicos dominantes na determinação das pautas políticas". A pós-política está diretamente ligada ao moralismo nesse contexto, porque o moralismo despolitiza ao apagar causas sistêmicas enraizadas no antagonismo, ao mesmo tempo em que favorece a retorica sobre a ação. Enquanto isso as elites continuam a capitalizar através de um discurso moralista e hipócrita que ajudou a associar a política de direita com a ética, numa visão falsa da realidade.

E quando opiniões políticas são substituídas por uma versão do moralismo como doutrina, nesse caso o moralismo conservador, apenas as respostas fáceis são permitidas. E é nesse contexto que o antilulismo surge.

A despolitização da pós-política vai contribuir efetivamente para a formação do antilulismo. Ou seja, o ex-presidente Lula foi a vítima principal deste processo despolitizado e moralista que em 2018 causou a sua prisão através de um processo jurídico frágil, que levou ao seu impedimento de disputar as eleições presidenciais do mesmo ano.

Aqui vale lembrar que a situação de grande parte da massa da classe média (não toda) anseia pelo mesmo nível de consumo da alta classe média. Nesse sentido, parte dela vislumbra na ação do Estado interventor o meio para a expansão do bem-estar para facilitar o consumo de qualidade. Bem como tendem a desenvolver uma posição antipopular como reflexo de seu medo da proletarização, temendo perda de privilégios. Infelizmente parte da massa da classe média ainda carrega os estigmas dos tempos da escravidão. Essa luta de classes pela manutenção do poder simbólico, mirou no ex-presidente Lula enquanto representante das populações mais pobres, virando o alvo escolhido para depósito desse ódio de classes.

A classe média, em geral é caracterizada como uma classe privilegiada pelo acesso facilitado no âmbito do conhecimento cultural e educacional, e isso a faz ter a ilusão de que por ter acesso aos melhores sistemas de ensino particular, viagens ao exterior (mesmo que sejam divididas em 12 x no cartão de crédito), mesmo que esteja atolada em dívidas, devido ao comportamento descontrolado de gastarem mais do que ganham na ilusão de que fazem parte da pequena elite econômica, acobertando assim, um sentimento de inferioridade por não serem abastados financeiramente, e acabam se comportando de forma preconceituosa e até mesmo autoritária com as classes mais baixas ditas C e D, onde impedem veemente que estas classes possam de alguma forma ascender na pirâmide social e ameaçar privilégios.

Com medo de perder seus privilégios, a estratégia para criminalizar o Lula foi primeiramente criminalizar a política e os políticos usando o velho moralismo conservador do discurso de que "todos os políticos não prestam e são corruptos", ou seja, através da grande mídia jornalística e impressa escrita, promoveram a ideia que a corrupção era um problema exclusivo do Lula. Pensamento este que se intensificou a partir de junho de 2013 e esse transformou em um fenômeno denominado de antilulismo.

É importante deixar claro que nem todo antilulista é igual, pensa igual, age igual, etc... A narrativa se baseia em crenças artificiais coletivas ou individuais pautadas no ódio de classes e da não consciência de classe que fazem destes indivíduos propagadores de ódio ao Lula e a tudo que ele representa de simbólico.
Vamos entender as subclasses do antilulismo representados no comportamento da classe média brasileira:
1-Temos o antilulista que vê o Lula como uma ameaça comunista (que nunca existiu) e o Lula por isso precisa ser eliminado do cenário político;
2-O antilulista que associa o Lula como inventor da corrupção no Brasil;
3-O antilulista que se opõe ao Lula devido às políticas de inclusão social dos seus governos, principalmente através de programas de distribuição de renda como o Bolsa Família, programas educacionais como as Cotas Raciais, o PROUNI e FIES que irritaram muito a elite econômica nacional devido mudar o perfil do mercado de trabalho, onde filhos da classe pobre estavam se capacitando intelectualmente e ganhando maior espaço no mercado de trabalho especializado, principalmente em áreas como a medicina, direito e engenharia, que por décadas era privilégio das classes dominantes. Ou seja, foi mexido na cultura elitista destas profissões o que desagradou muito a classe média alienada e as elites econômicas.

A autocrítica que Lula, Dilma e o PT precisam fazer

Vamos ao declínio:

Primeiramente temos que aceitar que durante praticamente todo os governos Lula e Dilma, ambos cederam as barganhas partidárias para manter a governabilidade no Congresso Nacional (o que acarretou críticas de dentro do próprio partido e de seus aliados das esquerdas). Ambos Lula e Dilma tiveram que negociar cargos principalmente em Ministérios com um legislativo em sua maioria corrupto, era a dita "governabilidade", ou seja, uma prática inaceitável para uma esquerda radical ou revolucionária que cogita assumir o poder federal no Brasil.

Em minha opinião, com CORRUPTO não se negocia e ponto final.

Portanto, a chegada de Lula e Dilma à presidência não significou uma verdadeira modificação das relações da velha política devido a subordinação com setores burgueses da sociedade como o setor financeiro bancário, empresarial, agrário, evangélico e midiático. O que ocorreu foi um refresco ou algo que poderíamos chamar hoje de uma "política de diminuição de danos". Significou a presença de um negociador na Presidência da República, que tentava conseguir junto à elite econômica, melhores condições de existência para a classe trabalhadora. Esta classe dominante teve que aceitar, a partir de um determinado momento, uma figura como Lula, simplesmente pelo fato de que ela (a elite econômica), não tinha sido capaz nos últimos anos de criar uma liderança política que estivesse em condições de vencer uma eleição presidencial.

Todas essas negociatas renderam a Lula e Dilma, inúmeras críticas, principalmente de membros da esquerda radical e revolucionária que por terem votado nos candidatos do PT esperavam um governo mais radical e não um governo moderado como foram os 13 anos do PT no Governo Federal.

Ocorreu um forte abandono dos governos petistas aos trabalhos de base nas periferias, principalmente sobre as questões de gênero e sexualidade, referente a políticas para as mulheres (erro grave) que entregou praticamente as demandas da mulher brasileira para as igrejas evangélicas neopentecostais extremistas que possuem uma visão patriarcal e machista da sociedade onde o homem tem maior importância que a mulher para tomar decisões sejam elas pessoais, familiares ou políticas.

Políticas de tributação:

Outro erro foi não fazer do Brasil um país justo na tributação dos mais pobres e da própria classe média. Ou seja, os governos federais do PT em 13 anos no poder passaram longe de realizar uma Reforma Tributária eficiente e justa. Também não foi realizada uma auditoria completa nas contas públicas para verificar o real valor da dívida do Estado brasileiro. Mesmo com todos os fatores políticos favoráveis como apoio parlamentar não se aprofundou o debate nem ações mais profundas sobre os temas citados.

Não "despartidarizou" setores importantes do judiciário e da polícia federal:

Também foram erros de Lula e de Dilma terem dado todas as condições para o surgimento desses monstros que se tornaram o Ministério Público Federal, Polícia Federal e STF, ambos culturalmente partidarizados pela elite econômica da direita. Não ter acertado as nomeações foi um erro, pois, não escolher dirigentes progressistas e apartidários, significou simplesmente permitir a politização pela direita e extrema-direita, como foi visto em setores do Supremo Tribunal Federal, Ministério Público Federal e da Polícia Federal, todos cometendo abusos de poder principalmente a partir do ano de 2014 colaborando diretamente para derrubar a então presidenta Dilma no ano de 2016 através de um golpe político e jurídico e na prisão do ex-presidente Lula no ano de 2018.

Infelizmente o Brasil tem um Judiciário caracterizado pela ideologia das classes dominantes e nem Lula nem Dilma foram capazes de produzir qualquer tipo de mudança nesse sentido. E tudo em nome de uma neutralidade democrática que eles julgavam ser o procedimento correto a ser adotado nas nomeações para cargos do alto escalão do judiciário, o que foi um erro fatal responsável pela destruição da democracia em 2016 com o Golpe de Estado patrocinado pelas elites econômicas com as mãos sujas do poder policial e judiciário.

O erro nas políticas carcerária e de segurança pública:

A população carcerária no Brasil chegou a 812.564 no ano de 2019, segundo dados do Banco de Monitoramento de Prisões do Conselho Nacional de Justiça (CNJ). Desse total, 337 mil, o equivalente a 41,5%, são presos provisórios e que aguardam julgamento. Pois, segundo levantamento realizado pelo Departamento Penitenciário Nacional (Depen), em 2018, aponta que a população presa é predominantemente composta por pretos e pardos (65%), identificações de cor que compõem o grupo racial negro. Os negros e periféricos são afetados de todas as formas possíveis, pois já é fato conhecido que são os maiores 'clientes' do sistema penal brasileiro.

Conforme dados acima, pode-se perceber que o processo de encarceramento não é apenas acelerado, mas seletivo, pois recaem especialmente sobre populações vulneráveis e discriminadas, que carregam consigo o estigma de delinquentes e são alvos prioritários de atuação das agências penais. Neste sentido, são os jovens, negros, pobres e de baixa escolaridade, habitantes de bairros periféricos das cidades os alvos principais da política de "guerra às drogas" e que redundam no encarceramento massivo.

Vale lembrar que a população negra no Brasil é vítima de um mecanismo histórico de exclusão e estereótipos negativos, e o sistema penal, nada mais é do que uma engrenagem ativa da construção desse racismo estrutural, pois o sistema penal, por intermédio da legislação de drogas, persegue o controle da população negra, mantendo seus firmes propósitos desde o período da colonização até os dias atuais, somente readequando e sofisticando seus métodos de atuação do Estado racista.

Em linhas gerais temos três eixos fundamentais que não foram trabalhados com profundidade pelos governos federais do PT:

a) Cessar a guerra às drogas, trabalhando pela descriminalização, principalmente da maconha;

b) Reorganizar totalmente as polícias, com a desmilitarização da PM. Lembrando que nossas polícias militares, herança maldita da monarquia, dos bandeirantes e da ditadura militar de 1964 são as que mais matam (e também as que mais morrem) no mundo. Os policiais militares ganham mal, não tem formação nem treinamento adequado, são submetidos a uma disciplina autoritária. Além disso, são "doutrinados" com ideias fascistas. A maior perversidade é que também os policiais são pobres e/ou negros em sua maioria.

c) Reverter o encarceramento em massa, criando forças tarefas jurídicas para julgar os milhares de processos de detentos que estão presos sem uma sentença final, em muitos casos, são pessoas inocentes. Como já descrito anteriormente, o encarceramento em massa no Brasil sempre foi uma política de estado racista que trancafia em sua maioria pobres negros.

Políticas de consumo:

Outra falha foi oferecer possibilidade de consumo material aos mais pobres sem o investimento em segurança púbica para protegê-los. Uma fórmula fadada ao fracasso: nos 8 anos de governo do ex-presidente Lula o padrão de consumo das classes econômicas ditas D e C ganharam grande força, este aumento do consumo por esta grande parte da população, principalmente nos setores de eletrodomésticos, carros, motos, computadores, celulares, dentre outros bens pessoais, levou grande parte da população a temer o roubo daquilo que conquistaram com muita luta e trabalho. Ou seja, o medo modificou comportamentos, e os que antes simpatizavam com as esquerdas, modificaram o foco criando simpatia com o discurso punitivista neoconservador da direita e extrema-direita, que são adeptas de ações paliativas de investir em quantitativo de polícia nas ruas mesmo que continuem sem qualidade profissional e pessoal, a criação de mais presídios, mais cadeias, pondo as forças armadas nas ruas fazendo papel de polícia urbana (que no final não ajuda em nada diminuir os índices de criminalidade).

Os governos do PT não combatendo a criminalidade com políticas eficientes, praticamente entregou as periferias para a cultura do punitivismo, onde a regra do "bandido bom é bandido morto", fortaleceu políticos de extrema-direita e vertentes extremistas dos evangélicos que se beneficiam dessa falácia eleitoreira e ganham a simpatia dos mais pobres desacreditados com os políticos da esquerda e seus respectivos partidos.

Preciso aqui deixar claro que uma classe quando ascende na pirâmide social ela vai querer conservar os bens materiais que conquistou com a sua força de trabalho levando em consideração que o Estado irá fornecer segurança para que este bem material não seja roubado. Nos governos dos ex-presidentes Lula e Dilma do Partido dos Trabalhadores as políticas de segurança pública foram insuficientes, junto aos Estados e Municípios no que se refere a investimento na capacitação e treinamento policial, equipamentos de última geração, melhorias salarias, ou seja, toda uma rede de investimentos que teria que vim atrelada com o aumento do poder de consumo das classes mais pobres.

Em entrevista à BBC News Brasil, o ex-presidente do Uruguai José Mujica reforça uma admissão de culpa sobre o que considera ter sido uma falha dos governos de esquerda na América Latina "conseguimos, até certo ponto, ajudar essa gente (pobres) a se tornar bons consumidores. Mas não conseguimos transformá-los em cidadãos", diz ele em Los Angeles, nos Estados Unidos.

NOTA FINAL
AS ESQUERDAS NO MUNDO PÓS-COVID-19: RENDA BÁSICA UNIVERSAL

Com a pandemia do covid-19 no ano de 2020, o mundo parou a partir do momento que forçosamente se implementou o distanciamento social e, principalmente, o isolamento quase total posterior, a única forma de conter o vírus, ou melhor, contra-atacar. Entretanto, o mundo pós-vírus não será o mesmo, e muitos já começam a ter essa percepção.

Esta pandemia foi uma das maiores tragédias da história da humanidade, e afetou a todos: população, organizações, alicerces econômicos e políticos, estruturas religiosas, etc. Obrigou quase todas as pessoas do planeta a focar apenas em como viver um dia por vez.

Durante a pandemia de coronavírus grande parte da população perdeu o emprego e renda, e teve que depender de uma quantia de dinheiro mensal paga pelo Governo Bolsonaro, através de uma renda emergencial (que de início queria dar apenas 200 reais, porém, com a luta da oposição da esquerda no Congresso Nacional, foi aprovado uma renda mínima de 600 e máxima de 1200 reais).

Como descrito acima, o Brasil durante e pós-pandemia foi afetado fortemente pelo desemprego. Com esse cenário, surgiu no meio político nacional a proposta de uma renda básica universal para atender grande parte da classe trabalhadora que ficou desamparada e desesperada sem dinheiro para sobreviver.

Aqui surge um alerta as esquerdas que não podem deixar o bolsonarismo sequestrar pauta da renda básica como o pai do projeto. Pois o interesse do bolsonarismo na renda básica não tem nada a ver com bem-estar social. Se fosse interesse no bem-estar da população, o Governo Bolsonaro estaria mais interessado em projetos de geração de empregos com a industrialização do Brasil. Pelo contrário, o governo Bolsonaro tem o projeto claro de precarizar o mercado de trabalho com a retirada de direitos trabalhistas.

O bolsonarismo com o Renda Brasil, tem a clara tentativa de sequestrar a pauta da esquerda e surfar no populismo que tem por traz um projeto desmonte do estado de bem-estar social. Ou seja, é uma tática de "eu te dou algo com uma mão e te tiro com a outra". Para o bolsonarismo será uma enorme oportunidade para sucatear o sistema de saúde e educação pública, pois a transferência de renda do bolsonarismo terá a finalidade clara que o dinheiro será reinvestido nos setores da educação particular (creches e escolas), plano de saúde, e para pagar dívidas dos pobres com os bancos privados. No final o dinheiro do Renda Brasil voltará para a burguesia nacional, por isso o projeto tem ampla defesa entre setores conservadores e liberais.

Nesse contexto de ataque ao Estado de bem-estas social, a proposta das esquerdas precisa ser oposta: sim é possível distribuir renda para a população mais pobre, e isso pode ser feito pelo próprio Bolsa Família sem precisar criar algo novo. Para as esquerdas o mais importante é focar na ampliação da rede de proteção e bem-estar social, com foco na garantia de educação, saúde pública, moradia e direitos relacionados ao emprego.

Lembrando que o projeto do Bolsa Família criado no Governo Lula tinha a condição de manter as crianças nas escolas, atrelada ao bolsa família em diversos avanços na área de educação e saúde pública como cuidados no pré-natal e a vacinação infantil. O combate à pobreza se deu de forma multidimensional. E é nesse ponto que as esquerdas precisam garantir caso seja colocado em pauta a criação de uma renda básica no Governo Bolsonaro.

E se o projeto de Renda Brasil do Governo Bolsonaro for aprovado, as esquerdas têm a obrigação de fiscalizar o Estado Brasileiro para que as políticas de bem-estar social não sejam sucateadas. Como já foi descrito várias vezes neste livro: cabe a esquerda radical e revolucionaria enfrentar e derrotar o bolsonarismo mais o sistema político/econômico burguês, na resistência ativa com os trabalhadores organizados na cidade e no campo, através de uma direção comprometida com o dia-a-dia da militância.

É fundamental que se invista na nucleação de base, pois, sem trabalho profundo de base, sem preparação política e ideológica, sem clareza sobre os rumos dos acontecimentos da política nacional, sem a concentração de forças, sem estimular o espírito revolucionário, torna-se difícil, torna-se impossível a esquerda vencer no campo político, seja nas ruas, internet ou dentro dos mandatos eletivos.

O objetivo principal na politização das massas é fomentar a tomada de consciência coletiva com educação política (teórica e prática), pois, somente homens e mulheres politizadas podem fazer uma Revolução dentro do sistema político/econômico burguês para que seja implementada uma verdadeira Democracia Popular com um Estado que proteja principalmente os mais pobres e todas as minorias.

Alameda nas redes sociais:

Site: www.alamedaeditorial.com.br
Facebook.com/alamedaeditorial/
Twitter.com/editoraalameda
Instagram.com/editora_alameda/

Esta obra foi impressa em São Paulo no inverno de 2021. No texto foi usada a fonte Minion pro em corpo 10,5 e entrelinha de 15,5 pontos.